KPI y Productividad

Una guía para gestionar tu negocio.

Por Georgy Llorens.

Contenido

Introducción 6

Parte 1: Fundamentos de KPI y Productividad 10

Capítulo 1: Introducción a los KPI (Indicadores Clave de Desempeño) 10

Definición y Propósito de los KPI 10

Historia y Evolución de los KPI en la Gestión Empresarial 15

Características de un Buen KPI: SMART 20

Capítulo 2: Conceptos Básicos de Productividad 26

Definición de Productividad y su Importancia en la Empresa 26

Diferencia entre eficiencia y eficacia. 32

Factores que afectan la productividad en el entorno laboral 37

Capítulo 3: La Relación entre KPI y Productividad 43

Cómo los KPI pueden impulsar la productividad. ... 43

Medición de la productividad a través de KPI. 48

Ejemplos de KPI Relacionados con la Productividad en Diferentes Industrias 51

Parte 2: Diseño y Selección de KPI 57

Capítulo 4: Identificación de Áreas Clave de Rendimiento 57

Identificación de Procesos Críticos y Áreas de Impacto 57

Determinación de Objetivos Estratégicos y Operativos 60

Priorización de KPI según la Estrategia Empresarial 62

Capítulo 5: Diseño de KPI Efectivos 66

Metodologías para Diseñar KPI 66

Herramientas y Técnicas para la Recolección de Datos 69

Alineación de KPI con Objetivos Estratégicos y Operativos 73

Capítulo 6: Implementación de KPI en la Empresa 77

Pasos para Implementar un Sistema de KPI 77

Superación de Resistencias y Gestión del Cambio ...80

Integración de KPI en la Cultura Organizacional 85

Parte 3: Gestión y Análisis de KPI 90

Capítulo 7: Monitorización y Evaluación de KPI 90

Herramientas para la Monitorización de KPI 90

Frecuencia de Revisión y Evaluación de KPI 93

Interpretación de Resultados y Ajuste de Estrategias 96

Capítulo 8: Análisis de Datos y Toma de Decisiones.100

Técnicas de Análisis de Datos de Desempeño 100

Visualización de Datos y Creación de Informes 103

Uso de KPI para la Toma de Decisiones Informadas 107

Capítulo 9: Feedback y Retroalimentación Basada en KPI 110

Estrategias para Proporcionar Feedback Efectivo ..110

Integración del Feedback en el Ciclo de Mejora Continua 113

Técnicas para Entregar una Retroalimentación Efectiva 116

Parte 4: Mejora Continua y Ajuste de KPI 121

Capítulo 10: Mejora Continua y Productividad 121

Principios de Mejora Continua (Kaizen, Lean, Six Sigma) 121

Aplicación de Técnicas de Mejora Continua para Aumentar la Productividad 125

Revisión y Ajuste Periódico de KPI 128

Capítulo 11: Innovación y Tecnología en la Gestión de KPI 131

Impacto de la Tecnología en la Gestión de KPI 131

Herramientas y Software para la Gestión de KPI ... 134

Futuro de los KPI en la Era Digital 138

Capítulo 12: KPI en Diferentes Contextos Organizacionales 144

Aplicación de KPI en pequeñas y medianas empresas (PYMEs). 144

Gestión de KPI en Equipos Remotos y Virtuales ... 148

Ejemplos de KPI en Diferentes Sectores y Contextos Culturales 152

Conclusiones 156

Introducción

En el entorno empresarial actual, caracterizado por una competencia intensa y una constante evolución tecnológica, las empresas se enfrentan a la necesidad de optimizar su desempeño y maximizar su productividad para mantenerse competitivas. Este libro se propone ser una guía exhaustiva que permita a los líderes empresariales, gerentes de proyectos, analistas y emprendedores comprender la importancia crítica de los Indicadores Clave de Desempeño (KPI) y la productividad, y cómo estos dos elementos interrelacionados pueden ser gestionados de manera efectiva para impulsar el éxito organizacional.

Importancia de los KPI en el Entorno Empresarial

Los KPI son herramientas esenciales para medir y gestionar el desempeño de una organización. Sirven como indicadores cuantificables que reflejan el grado de éxito con que una empresa está alcanzando sus objetivos estratégicos y operativos. La implementación de KPI efectivos permite a las empresas:

1. **Medir el Progreso hacia los Objetivos**: Los KPI proporcionan una manera objetiva de medir el progreso hacia las metas establecidas, permitiendo a los gerentes ajustar las estrategias según sea necesario.
2. **Identificar Oportunidades de Mejora**: Al monitorear los KPI, las organizaciones pueden

identificar áreas que requieren mejoras y tomar medidas proactivas para abordar estas deficiencias.
3. **Tomar Decisiones Informadas**: Los KPI proporcionan datos concretos que respaldan la toma de decisiones, lo que ayuda a los líderes empresariales a tomar decisiones más acertadas y basadas en evidencia.
4. **Fomentar la Transparencia y la Rendición de Cuentas**: Al definir y comunicar KPI claros, se establecen expectativas de desempeño y se promueve una cultura de transparencia y responsabilidad dentro de la organización.

La Relación entre KPI y Productividad

La productividad, definida como la relación entre la producción de bienes y servicios y los insumos utilizados para producirlos, es un determinante clave del éxito empresarial. La gestión eficaz de la productividad implica no solo mejorar la eficiencia operativa sino también garantizar que los recursos se utilicen de manera óptima para generar el máximo valor. Los KPI desempeñan un papel crucial en la gestión de la productividad al:

1. **Monitorizar la Eficiencia Operativa**: Los KPI permiten a las empresas rastrear indicadores como el tiempo de ciclo, la utilización de recursos y los costos operativos, proporcionando una visión clara de la eficiencia operativa.

2. **Evaluar el Rendimiento de los Empleados**: Los KPI relacionados con la productividad individual y de equipo ayudan a medir el rendimiento de los empleados y a identificar áreas donde se pueden implementar capacitaciones o mejoras en los procesos.
3. **Optimizar los Procesos de Negocio**: Al identificar cuellos de botella y áreas de ineficiencia, los KPI facilitan la optimización de procesos, mejorando la productividad general de la organización.
4. **Fomentar una Cultura de Mejora Continua**: Los KPI motivan a los empleados y equipos a esforzarse por alcanzar y superar objetivos específicos, fomentando una cultura de mejora continua y excelencia operativa.

Objetivo del Libro

El propósito de este libro es proporcionar a los lectores un marco comprensivo y práctico para entender y aplicar los conceptos de KPI y productividad en sus organizaciones. Los objetivos específicos del libro incluyen:

1. **Educar sobre los Fundamentos**: Proporcionar una comprensión sólida de los conceptos básicos de los KPI y la productividad, incluyendo definiciones, historia y evolución, y la importancia de estos conceptos en el contexto empresarial moderno.
2. **Guiar en la Implementación**: Ofrecer pasos detallados y metodologías para el diseño, selección, implementación y monitorización de KPI efectivos que estén alineados con los

objetivos estratégicos y operativos de la empresa.
3. **Presentar Herramientas y Técnicas**: Introducir herramientas y técnicas prácticas para la recolección y análisis de datos de KPI, así como para la mejora continua de la productividad organizacional.
4. **Proporcionar Ejemplos y Estudios de Caso**: Incluir ejemplos reales y estudios de caso de empresas que han implementado con éxito sistemas de KPI y han mejorado su productividad, destacando lecciones aprendidas y mejores prácticas.
5. **Fomentar la Innovación y el Futuro**: Explorar las tendencias emergentes en la gestión de KPI y productividad, incluyendo el impacto de la tecnología, la automatización y la inteligencia artificial, y cómo las empresas pueden prepararse para el futuro.

A quien está dirigido este libro.

Este libro, "KPI y Productividad: Una guía para gestionar tu negocio", está diseñado para proporcionar una guía exhaustiva y práctica sobre la gestión de KPI y la mejora de la productividad. Este libro está dirigido a ejecutivos, profesionales de todas las áreas y emprendedores.

Parte 1: Fundamentos de KPI y Productividad

Capítulo 1: Introducción a los KPI (Indicadores Clave de Desempeño)

Definición y Propósito de los KPI

En un entorno empresarial cada vez más competitivo y dinámico, las organizaciones necesitan herramientas efectivas para medir y gestionar su desempeño. Los Indicadores Clave de Desempeño, comúnmente conocidos como KPI (Key Performance Indicators), se han convertido en una pieza fundamental para evaluar el progreso y el éxito de una empresa en relación con sus objetivos estratégicos y operativos. Este capítulo proporciona una definición clara de los KPI, su propósito en el contexto empresarial y cómo su correcta implementación puede ser un factor determinante para el éxito organizacional.

Definición de los KPI

Los KPI son métricas cuantificables que reflejan el rendimiento de una organización en áreas específicas. Estas métricas están alineadas con los objetivos estratégicos de la empresa y son diseñadas para proporcionar una visión clara y objetiva del progreso hacia estos objetivos. A continuación, se desglosa la definición en sus componentes esenciales:

1. **Indicadores Clave**: Los KPI no son cualquier tipo de métrica. Son indicadores críticos que han sido seleccionados específicamente por su relevancia y su capacidad para proporcionar una visión precisa del desempeño en áreas clave del negocio.
2. **Desempeño**: Los KPI miden el desempeño, es decir, el grado en que una organización está alcanzando sus objetivos. Esto puede incluir diversas áreas como ventas, satisfacción del cliente, eficiencia operativa, etc.
3. **Cuantificables**: Los KPI deben ser medibles en términos numéricos. Esto permite una evaluación objetiva y consistente del rendimiento.
4. **Alineados con Objetivos Estratégicos**: Los KPI están directamente relacionados con los objetivos estratégicos de la empresa. No son métricas aisladas, sino que están diseñados para reflejar el progreso hacia metas específicas y estratégicamente importantes.

Propósito de los KPI

El propósito de los KPI es múltiple y se extiende a varias facetas de la gestión empresarial. A continuación, se destacan algunos de los principales propósitos de los KPI:

1. **Medición del Progreso**: Los KPI permiten a las organizaciones medir su progreso hacia los objetivos establecidos. Proporcionan una manera clara y objetiva de ver si se están cumpliendo las metas y en qué medida.
2. **Identificación de Oportunidades y Desafíos**: Al monitorear los KPI, las empresas pueden

identificar áreas que requieren mejoras o que representan oportunidades de crecimiento. De manera similar, también pueden detectar problemas o desafíos antes de que se conviertan en crisis significativas.
3. **Toma de Decisiones Informadas**: Los KPI proporcionan datos concretos y precisos que son esenciales para la toma de decisiones informadas. Los líderes empresariales pueden utilizar estos datos para ajustar estrategias, asignar recursos y priorizar iniciativas.
4. **Rendición de Cuentas y Transparencia**: Establecer y comunicar KPI claros ayuda a fomentar una cultura de transparencia y rendición de cuentas. Los empleados y equipos entienden mejor las expectativas y pueden ver cómo su trabajo contribuye al éxito general de la organización.
5. **Fomento de la Motivación y el Compromiso**: Los KPI pueden servir como una herramienta motivacional, proporcionando a los empleados objetivos claros y medibles. Cuando los empleados ven cómo su trabajo afecta directamente los KPI, se sienten más comprometidos y motivados para alcanzar estos objetivos.
6. **Evaluación y Mejora Continua**: Los KPI son esenciales para la evaluación continua del desempeño. Permiten a las organizaciones implementar ciclos de retroalimentación y mejora continua, ajustando procesos y estrategias en función de los resultados obtenidos.

Ejemplos de KPI

Para ilustrar mejor la definición y el propósito de los KPI, a continuación, se presentan algunos ejemplos típicos de KPI en diferentes áreas de negocio:

1. **Ventas y Marketing**:
   - Ingresos Totales
   - Tasa de Conversión de Clientes Potenciales
   - Costo de Adquisición de Clientes (CAC)
   - Retorno de la Inversión en Marketing (ROI)
2. **Operaciones**:
   - Tiempo de Ciclo de Producción
   - Utilización de Capacidad
   - Tasa de Defectos de Producción
   - Costos Operativos
3. **Finanzas**:
   - Margen de Beneficio Neto
   - Liquidez Corriente
   - Ratio de Endeudamiento
   - Retorno sobre el Capital Invertido (ROIC)
4. **Recursos Humanos**:
   - Tasa de Retención de Empleados
   - Tasa de Rotación de Personal
   - Nivel de Satisfacción del Empleado
   - Tiempo de Contratación
5. **Atención al Cliente**:
   - Nivel de Satisfacción del Cliente (NPS)
   - Tiempo de Resolución de Problemas
   - Tasa de Retención de Clientes
   - Número de Reclamaciones de Clientes

Implementación de KPI

La implementación efectiva de KPI requiere una serie de pasos bien definidos y una comprensión clara de los objetivos de la organización. A continuación, se describe un enfoque básico para la implementación de KPI:

1. **Definir Objetivos Estratégicos**: El primer paso es definir claramente los objetivos estratégicos de la empresa. Estos objetivos deben ser específicos, medibles, alcanzables, relevantes y temporales (SMART).
2. **Seleccionar KPI Relevantes**: Con los objetivos estratégicos definidos, el siguiente paso es seleccionar los KPI que mejor reflejen el progreso hacia estos objetivos. Es importante elegir KPI que sean relevantes y que proporcionen una visión clara del rendimiento.
3. **Establecer Métodos de Medición**: Una vez seleccionados los KPI, es crucial establecer métodos y herramientas para la recolección y análisis de datos. Esto puede incluir software de gestión de rendimiento, hojas de cálculo o sistemas de informes personalizados.
4. **Comunicar los KPI**: Los KPI deben ser comunicados de manera clara y transparente a todos los niveles de la organización. Esto ayuda a asegurar que todos los empleados entiendan los objetivos y cómo su trabajo contribuye a alcanzarlos.
5. **Monitorear y Evaluar**: La monitorización continua y la evaluación periódica de los KPI son esenciales para asegurar que la organización se mantenga en el camino

correcto. Esto incluye revisar los datos regularmente y ajustar estrategias según sea necesario.
6. **Ajustar y Mejorar**: Basándose en los resultados de la evaluación, las organizaciones deben estar preparadas para ajustar sus KPI y estrategias de manera continua. Esto garantiza que los KPI sigan siendo relevantes y efectivos a medida que cambian las condiciones del negocio.

Historia y Evolución de los KPI en la Gestión Empresarial

La gestión empresarial ha experimentado una transformación significativa a lo largo de los años, con la adopción de diversas herramientas y técnicas para medir y mejorar el desempeño organizacional. Los Indicadores Clave de Desempeño (KPI) son una de estas herramientas cruciales que han evolucionado para adaptarse a las cambiantes necesidades del mundo empresarial. Este apartado del capítulo 1 proporciona una visión histórica de los KPI, desde sus inicios hasta su papel central en la gestión moderna.

Orígenes de la Medición del Desempeño

El concepto de medir el desempeño no es nuevo y se remonta a la antigüedad. Ya en la época de las civilizaciones egipcias y mesopotámicas, existían registros de actividades comerciales y administrativas que permitían evaluar el rendimiento de diversas operaciones. Sin embargo, la medición sistemática y estructurada del desempeño en el contexto empresarial moderno comenzó a tomar forma durante la Revolución Industrial.

La Revolución Industrial

Durante la Revolución Industrial, a finales del siglo XVIII y principios del siglo XIX, se produjo un cambio significativo en la forma en que se gestionaban las empresas. La industrialización y la mecanización llevaron a un aumento en la producción y a la necesidad de gestionar operaciones más complejas. En este contexto, surgió la necesidad de medir y controlar el rendimiento de manera más precisa.

- **Frederick Winslow Taylor y la Gestión Científica**: En las primeras décadas del siglo XX, Frederick Winslow Taylor introdujo la gestión científica, una metodología que enfatizaba la eficiencia y la productividad en las operaciones industriales. Taylor desarrolló estudios de tiempo y movimiento para analizar y optimizar el desempeño laboral, sentando las bases para la medición sistemática del rendimiento.
- **Henry Ford y la Producción en Masa**: Henry Ford, con su enfoque en la producción en masa y la estandarización de procesos, también contribuyó al desarrollo de métodos de medición del desempeño. La implementación de la línea de ensamblaje en las fábricas de Ford requirió métricas precisas para evaluar la eficiencia y el rendimiento de los trabajadores y las máquinas.

Desarrollo de los KPI Modernos

A medida que la gestión empresarial evolucionaba, la necesidad de indicadores más sofisticados y específicos se hizo evidente. Durante las décadas de 1950 y 1960, se produjo un avance significativo en el desarrollo de KPI modernos.

El Movimiento de la Calidad Total

En las décadas de 1950 y 1960, el movimiento de la calidad total comenzó a ganar tracción, especialmente en Japón. Este enfoque se centraba en la mejora continua y en la satisfacción del cliente, y utilizaba diversas herramientas de medición del desempeño para lograr estos objetivos.

- **W. Edwards Deming y Joseph Juran**: Dos figuras clave en este movimiento fueron W. Edwards Deming y Joseph Juran, quienes introdujeron conceptos y técnicas para medir y mejorar la calidad en los procesos industriales. Sus principios de gestión de calidad total (TQM) enfatizaban la importancia de medir el rendimiento para identificar áreas de mejora.
- **Control Estadístico de Procesos (SPC)**: El control estadístico de procesos, una técnica desarrollada durante este período utilizaba datos estadísticos para monitorear y controlar la calidad del proceso de producción. Esto representó un avance significativo en la utilización de métricas para la gestión del desempeño.

La Era de la Información y los KPI

Con el advenimiento de la era de la información en las décadas de 1980 y 1990, la tecnología de la información transformó la manera en que las organizaciones podían recopilar, analizar y utilizar datos. Este desarrollo facilitó la adopción generalizada de los KPI como herramientas esenciales para la gestión del desempeño.

Sistemas de Información Gerencial (MIS)

- **Adopción de Tecnología**: La adopción de sistemas de información gerencial (MIS) permitió a las empresas recopilar y analizar grandes volúmenes de datos de manera más eficiente. Estos sistemas proporcionaron la infraestructura necesaria para el desarrollo y la implementación de KPI.
- **Balanced Scorecard (Cuadro de Mando Integral)**: A principios de la década de 1990, Robert Kaplan y David Norton introdujeron el concepto del Balanced Scorecard, una herramienta que transformó la gestión del desempeño al integrar indicadores financieros y no financieros. El Balanced Scorecard utilizaba KPI para medir y gestionar el desempeño en cuatro perspectivas clave: financiera, del cliente, de procesos internos y de aprendizaje y crecimiento.

KPI en el Siglo XXI

En el siglo XXI, la globalización y la acelerada evolución tecnológica han seguido moldeando el uso y la importancia de los KPI en la gestión empresarial.

Big Data y Analítica Avanzada

- **Revolución del Big Data**: La revolución del Big Data ha permitido a las organizaciones recopilar y analizar cantidades masivas de datos, lo que ha llevado al desarrollo de KPI más sofisticados y precisos. La analítica avanzada y las tecnologías de inteligencia artificial (IA) han permitido a las empresas predecir tendencias y tomar decisiones más informadas basadas en datos.
- **KPI Predictivos**: Los KPI predictivos han emergido como una herramienta crucial para anticipar el desempeño futuro y tomar medidas proactivas. Estos indicadores utilizan modelos estadísticos y algoritmos de aprendizaje automático para predecir resultados y tendencias.

Enfoque en la Sostenibilidad y Responsabilidad Social

- **KPI de Sostenibilidad**: Con el creciente enfoque en la sostenibilidad y la responsabilidad social corporativa (RSC), las empresas han comenzado a desarrollar KPI específicos para medir su impacto ambiental y social. Estos indicadores ayudan a las organizaciones a gestionar su huella ecológica y a mejorar sus prácticas sostenibles.
- **Transparencia y Rendición de Cuentas**: La demanda de mayor transparencia y rendición de cuentas por parte de los consumidores y las partes interesadas ha llevado a las empresas a adoptar KPI que midan el cumplimiento de sus compromisos sociales y ambientales.

Características de un Buen KPI: SMART

La efectividad de los Indicadores Clave de Desempeño (KPI) depende en gran medida de su diseño y características. Un buen KPI debe ser claro y útil para la toma de decisiones estratégicas y operativas. Las características de un buen KPI se pueden resumir en el acrónimo SMART: Específico, Medible, Alcanzable, Relevante y Temporal. A continuación, se desarrolla cada una de estas características, proporcionando una comprensión detallada de cómo pueden aplicarse para garantizar que los KPI sean efectivos y beneficiosos para la organización.

Específico

Un buen KPI debe ser específico, es decir, debe estar claramente definido y relacionado con un área particular del desempeño organizacional. La especificidad asegura que todos los miembros de la organización comprendan exactamente qué se está midiendo y por qué es importante.

- **Claridad en el Objetivo**: Un KPI específico describe con precisión qué aspecto del rendimiento se está evaluando. Por ejemplo, "Aumentar las ventas trimestrales en un 10%" es más específico que "Mejorar las ventas".
- **Foco en Áreas Clave**: Un KPI específico se centra en áreas clave del negocio que son críticas para el éxito. Esto evita la dispersión de esfuerzos y asegura que los recursos se utilicen de manera eficiente.

Medible

Para que un KPI sea efectivo, debe ser medible. Esto significa que debe ser posible cuantificarlo de manera objetiva, permitiendo una evaluación clara y consistente del desempeño.

- **Datos Cuantificables**: Un KPI medible se basa en datos que pueden ser recogidos y analizados fácilmente. Por ejemplo, "Número de nuevos clientes adquiridos por mes" es un KPI medible.
- **Herramientas y Métodos de Medición**: La disponibilidad de herramientas y métodos para recopilar datos es esencial. Esto puede incluir software de análisis, encuestas, sistemas de seguimiento y otros mecanismos que faciliten la medición precisa.

Alcanzable

Un buen KPI debe ser alcanzable. Esto significa que los objetivos establecidos deben ser realistas y factibles dados los recursos y capacidades de la organización.

- **Realismo en las Expectativas**: Un KPI alcanzable se basa en una evaluación honesta de las capacidades actuales de la organización y sus recursos. Establecer metas demasiado ambiciosas puede desmotivar al equipo y conducir al fracaso.
- **Involucramiento del Equipo**: Involucrar a los empleados en el proceso de establecimiento de objetivos ayuda a asegurar que los KPI sean

percibidos como alcanzables. Esto fomenta la aceptación y el compromiso con los objetivos.

Relevante

La relevancia es crucial para un buen KPI. Un KPI relevante está directamente alineado con los objetivos estratégicos de la organización y contribuye de manera significativa al éxito general.

- **Alineación con Objetivos Estratégicos**: Un KPI relevante está diseñado para medir el progreso hacia los objetivos estratégicos de la empresa. Por ejemplo, "Reducción del tiempo de respuesta del servicio al cliente" puede ser relevante para una empresa que prioriza la satisfacción del cliente.
- **Impacto Significativo**: La relevancia también implica que el KPI tenga un impacto significativo en el rendimiento de la organización. Los KPI deben centrarse en áreas donde las mejoras realmente harán una diferencia notable.

Temporal

Finalmente, un buen KPI debe ser temporal. Esto significa que debe tener un marco de tiempo específico durante el cual se espera alcanzar el objetivo.

- **Plazos Claros**: Un KPI temporal incluye plazos claros para la evaluación y el logro de objetivos. Por ejemplo, "Incrementar las ventas mensuales en un 5% durante los

próximos seis meses" proporciona un horizonte temporal definido.
- **Monitoreo Regular**: Los KPI temporales facilitan el monitoreo y la evaluación regular del progreso. Esto permite a la organización hacer ajustes oportunos y mantener el impulso hacia los objetivos establecidos.

Ejemplos de KPI SMART

Para ilustrar mejor las características de un buen KPI, a continuación, se presentan algunos ejemplos prácticos que cumplen con los criterios SMART:

1. **KPI de Ventas**: "Aumentar las ventas trimestrales de productos electrónicos en un 15% para el final del año fiscal."
   - **Específico**: Ventas trimestrales de productos electrónicos.
   - **Medible**: 15% de aumento.
   - **Alcanzable**: Basado en el análisis de tendencias de ventas y capacidad del equipo.
   - **Relevante**: Contribuye directamente a los ingresos y crecimiento de la empresa.
   - **Temporal**: Para el final del año fiscal.
2. **KPI de Recursos Humanos**: "Reducir la tasa de rotación de empleados en un 10% durante los próximos 12 meses."
   - **Específico**: Tasa de rotación de empleados.
   - **Medible**: 10% de reducción.
   - **Alcanzable**: Basado en iniciativas de retención y programas de desarrollo.

- **Relevante**: Mejora la estabilidad y el conocimiento institucional.
- **Temporal**: Durante los próximos 12 meses.

3. **KPI de Atención al Cliente**: "Mejorar el puntaje de satisfacción del cliente (NPS) en 20 puntos en el próximo trimestre."
    - **Específico**: Puntaje de satisfacción del cliente (NPS).
    - **Medible**: 20 puntos de mejora.
    - **Alcanzable**: Con un plan de mejoras en el servicio al cliente.
    - **Relevante**: Directamente relacionado con la lealtad y retención de clientes.
    - **Temporal**: En el próximo trimestre.
4. **KPI de Operaciones**: "Reducir el tiempo de ciclo de producción de 8 horas a 6 horas en los próximos seis meses."
    - **Específico**: Tiempo de ciclo de producción.
    - **Medible**: De 8 horas a 6 horas.
    - **Alcanzable**: Con mejoras en procesos y tecnología.
    - **Relevante**: Aumenta la eficiencia y capacidad de producción.
    - **Temporal**: En los próximos seis meses.

Implementación de KPI SMART

La implementación efectiva de KPI que cumplan con los criterios SMART requiere un enfoque estructurado y colaborativo:

1. **Definición Clara de Objetivos**: Antes de diseñar los KPI, es crucial definir claramente

los objetivos estratégicos y operativos de la organización. Esto asegura que los KPI estén alineados con las prioridades de la empresa.
2. **Colaboración y Aceptación**: Involucrar a los equipos relevantes en el proceso de definición de KPI ayuda a asegurar que los indicadores sean realistas y alcanzables. La colaboración fomenta la aceptación y el compromiso con los objetivos.
3. **Selección de Herramientas Adecuadas**: Utilizar herramientas y sistemas adecuados para la recolección, análisis y reporte de datos es esencial para el seguimiento efectivo de los KPI.
4. **Monitoreo y Evaluación Continua**: Establecer un sistema de monitoreo y evaluación continua permite a la organización ajustar sus estrategias en función del rendimiento observado. La retroalimentación regular es clave para la mejora continua.
5. **Comunicación Transparente**: Comunicar los KPI de manera clara y transparente a todos los niveles de la organización es fundamental para asegurar que todos comprendan sus roles y responsabilidades en el logro de los objetivos.

Capítulo 2: Conceptos Básicos de Productividad

Definición de Productividad y su Importancia en la Empresa

La productividad es un concepto central en la gestión empresarial y un indicador clave del éxito organizacional. En este capítulo, exploraremos la definición de productividad, sus componentes esenciales y su importancia crítica en el entorno empresarial moderno. Comprender la productividad no solo es fundamental para medir el desempeño, sino también para implementar estrategias efectivas que impulsen el crecimiento y la competitividad de la empresa.

Definición de Productividad

La productividad se refiere a la eficiencia con la que se utilizan los recursos para generar bienes y servicios. En términos más específicos, la productividad se puede definir como la relación entre la cantidad de output (producción) y la cantidad de input (recursos utilizados), y se expresa generalmente en términos de unidades producidas por hora de trabajo, por unidad de capital invertido, o por otros factores de producción. La fórmula básica para calcular la productividad es:

Productividad = Producción Total (Output) /

Recursos Utilizados (Input)

Esta relación puede variar según el tipo de recurso y el contexto específico de la industria o la organización. Los principales componentes de la productividad incluyen:

1. **Output (Producción)**: La cantidad de bienes y servicios producidos en un período determinado. Puede medirse en unidades físicas, valor monetario, o en términos de valor agregado.
2. **Input (Recursos)**: Los recursos utilizados para producir el output, que pueden incluir mano de obra, capital, materias primas, tecnología, tiempo, y energía.

Componentes de la Productividad

Para comprender mejor la productividad, es útil desglosar sus componentes principales:

1. **Productividad Laboral**: Mide la eficiencia del trabajo. Se calcula como el output producido por unidad de trabajo, generalmente expresado en términos de producción por hora trabajada.
2. **Productividad del Capital**: Evalúa la eficiencia del capital utilizado en la producción. Se calcula como el output generado por unidad de capital invertido, como maquinaria, equipo y tecnología.

3. **Productividad Total de los Factores (PTF)**: Es un indicador más amplio que considera todos los factores de producción (trabajo, capital, materiales, tecnología) y su combinación. La PTF refleja la eficiencia con la que se utilizan todos los recursos de la empresa.

Importancia de la Productividad en la Empresa

La productividad es fundamental para la sostenibilidad y el crecimiento de cualquier empresa. A continuación, se destacan las razones principales por las que la productividad es crucial en el entorno empresarial:

1. **Incremento de la Rentabilidad**: Una mayor productividad reduce los costos de producción y mejora los márgenes de beneficio. Al utilizar los recursos de manera más eficiente, las empresas pueden aumentar su rentabilidad sin necesidad de aumentar sus costos.
2. **Competitividad en el Mercado**: Las empresas con alta productividad pueden ofrecer precios más competitivos y mejorar su posición en el mercado. La eficiencia operativa les permite responder más rápidamente a las demandas del mercado y a los cambios en las condiciones económicas.
3. **Mejora de la Calidad de Vida Laboral**: La productividad no solo beneficia a la empresa, sino también a los empleados. Al mejorar los procesos y la eficiencia, se pueden reducir las cargas laborales y aumentar la satisfacción y el bienestar de los empleados, promoviendo un

ambiente de trabajo más saludable y motivador.
4. **Innovación y Desarrollo**: Una alta productividad permite a las empresas invertir más en innovación y desarrollo. Al liberar recursos y reducir costos, las empresas pueden destinar más fondos a la investigación y el desarrollo de nuevos productos y tecnologías, manteniéndose a la vanguardia en su industria.
5. **Sostenibilidad y Responsabilidad Social**: La eficiencia en el uso de recursos contribuye a prácticas más sostenibles y responsables. Las empresas productivas minimizan el desperdicio y optimizan el uso de recursos, lo que es crucial para reducir su impacto ambiental y cumplir con los estándares de responsabilidad social corporativa (RSC).
6. **Adaptabilidad y Crecimiento**: Las empresas productivas son más ágiles y capaces de adaptarse a cambios en el mercado y en la economía. La eficiencia en los procesos permite una rápida reconfiguración y ajuste, facilitando el crecimiento sostenible y la expansión en nuevos mercados.

Estrategias para Mejorar la Productividad

Mejorar la productividad requiere un enfoque estratégico y una combinación de diversas técnicas y prácticas. A continuación, se presentan algunas estrategias clave que las empresas pueden implementar para incrementar su productividad:

1. **Optimización de Procesos**: Revisar y mejorar continuamente los procesos empresariales para eliminar ineficiencias y reducir desperdicios.

Esto puede incluir la implementación de metodologías como Lean Manufacturing, Six Sigma, o Kaizen, que promueven la mejora continua.
2. **Inversión en Tecnología y Automatización**: Adoptar tecnologías avanzadas y soluciones de automatización que mejoren la eficiencia y reduzcan los errores. La digitalización de procesos, el uso de sistemas de gestión empresarial (ERP) y la automatización de tareas repetitivas son fundamentales.
3. **Capacitación y Desarrollo del Talento**: Invertir en la formación y el desarrollo de los empleados para mejorar sus habilidades y competencias. Un equipo bien capacitado y motivado es más eficiente y capaz de adaptarse a nuevas tecnologías y métodos de trabajo.
4. **Mejora de la Gestión del Tiempo**: Implementar prácticas de gestión del tiempo efectivas, como la planificación estratégica, la priorización de tareas y la eliminación de distracciones. Técnicas como la Gestión de Proyectos Ágiles, Scrum, y la Técnica Pomodoro pueden ser útiles.
5. **Fomento de la Innovación y la Creatividad**: Crear un entorno que fomente la innovación y la creatividad, incentivando a los empleados a proponer nuevas ideas y soluciones. La implementación de programas de innovación abierta y hackatones internos puede estimular la creatividad y la mejora continua.
6. **Evaluación y Monitoreo de KPI**: Establecer y monitorear KPIs específicos que permitan evaluar el rendimiento y la productividad. Utilizar herramientas de análisis de datos y

dashboards interactivos para seguir de cerca los indicadores clave y tomar decisiones basadas en datos.

Ejemplos de Indicadores de Productividad

Para medir y gestionar la productividad de manera efectiva, es crucial utilizar indicadores adecuados. Algunos ejemplos de KPI de productividad incluyen:

1. **Productividad Laboral**:
    - Output por hora trabajada.
    - Ventas por empleado.
    - Producción por turno.
2. **Productividad del Capital**:
    - Valor de producción por unidad de capital.
    - Rentabilidad del capital invertido.
    - Tasa de utilización de activos.
3. **Productividad Total de los Factores (PTF)**:
    - Ratio de Output Total / Input Total.
    - Crecimiento de la PTF ajustado por la inflación.
4. **Productividad de Recursos**:
    - Uso eficiente de materiales.
    - Consumo energético por unidad de producción.
    - Tasa de desecho y desperdicio.

Diferencia entre eficiencia y eficacia.

En el ámbito empresarial, los términos "eficiencia" y "eficacia" se utilizan frecuentemente y a menudo de manera intercambiable, aunque en realidad tienen significados distintos y desempeñan roles cruciales en la gestión del desempeño. Comprender la diferencia entre estos conceptos es fundamental para desarrollar estrategias que no solo mejoren la productividad, sino que también aseguren que los objetivos organizacionales se alcancen de manera efectiva. Este apartado del capítulo 2 se centra en definir y diferenciar claramente estos términos, proporcionando ejemplos y contextos para su aplicación en el entorno empresarial.

Definición de Eficiencia

La eficiencia se refiere a la capacidad de realizar una tarea utilizando la menor cantidad de recursos posible. En otras palabras, es una medida de cómo se utilizan los recursos disponibles para maximizar la producción o el output. La eficiencia se centra en el proceso y la utilización de recursos como tiempo, dinero, mano de obra y materiales.

- **Optimización de Recursos**: La eficiencia implica el uso óptimo de los recursos para evitar el desperdicio y reducir costos.

- **Proceso Enfocado**: La eficiencia se mide por la relación entre los recursos utilizados y los resultados obtenidos. Un proceso eficiente produce más con menos.
- **Indicadores de Eficiencia**: Ejemplos de KPI que miden la eficiencia incluyen el costo por unidad producida, el tiempo de producción por unidad, y el uso de energía por unidad de producción.

Ejemplo de Eficiencia: Una fábrica que produce 100 unidades de un producto utilizando 10 horas de trabajo es más eficiente que otra que produce las mismas 100 unidades en 15 horas de trabajo.

Definición de Eficacia

La eficacia, por otro lado, se refiere a la capacidad de alcanzar los objetivos y metas establecidos. Es una medida de la capacidad para lograr los resultados deseados, sin considerar necesariamente el uso de recursos en el proceso.

- **Logro de Objetivos**: La eficacia se centra en la consecución de los resultados específicos que se han planificado.
- **Resultados Enfocados**: La eficacia se mide por el grado en que se alcanzan los objetivos, independientemente de los recursos utilizados.
- **Indicadores de Eficacia**: Ejemplos de KPI que miden la eficacia incluyen el grado de cumplimiento de metas, el porcentaje de objetivos alcanzados, y la tasa de éxito de proyectos.

Ejemplo de Eficacia: Un equipo de ventas que alcanza su objetivo de vender 1000 unidades en un trimestre es eficaz, independientemente de si necesitaron más o menos recursos para lograrlo.

Comparación Entre Eficiencia y Eficacia

Para entender mejor cómo se diferencian y complementan estos conceptos, a continuación, se presentan algunos puntos clave de comparación:

- **Enfoque en Recursos vs. Resultados**: Mientras que la eficiencia se centra en el uso óptimo de los recursos, la eficacia se enfoca en alcanzar los objetivos y metas.
- **Medición del Proceso vs. Resultado**: La eficiencia mide el proceso de producción y la utilización de recursos, mientras que la eficacia mide los resultados alcanzados en relación con los objetivos establecidos.
- **Optimización vs. Logro**: La eficiencia busca la optimización y la reducción del desperdicio, mientras que la eficacia busca el logro de resultados específicos, incluso si eso significa utilizar más recursos.

Cuadro Comparativo

Característica	Eficiencia	Eficacia
Definición	Uso óptimo de recursos	Alcance de objetivos y metas
Enfoque	Proceso y recursos	Resultados y objetivos
Indicadores Clave	Costo por unidad, tiempo de producción	Grado de cumplimiento de metas
Importancia	Minimizar costos y maximizar producción	Lograr resultados deseados
Ejemplo	Reducir tiempo de producción sin perder calidad	Aumentar ventas trimestrales

Importancia de Equilibrar Eficiencia y Eficacia

En la gestión empresarial, tanto la eficiencia como la eficacia son importantes, pero deben equilibrarse para lograr un desempeño óptimo. Focalizarse exclusivamente en la eficiencia puede llevar a una reducción de costos y recursos, pero si esto compromete la calidad o la capacidad para alcanzar objetivos, la empresa puede sufrir a largo plazo. De igual manera, centrarse solo en la eficacia sin considerar la eficiencia puede resultar en un uso excesivo de recursos y en costos elevados.

- **Equilibrio Estratégico**: Las empresas deben buscar un equilibrio entre eficiencia y eficacia

para asegurarse de que están utilizando sus recursos de manera óptima mientras alcanzan sus objetivos estratégicos.
- **Optimización del Desempeño**: Medir y mejorar tanto la eficiencia como la eficacia permite a las empresas optimizar su desempeño global, asegurando que los procesos sean tanto eficientes como efectivos.
- **Mejora Continua**: La implementación de un sistema de gestión que monitoree y mejore continuamente ambos aspectos ayudará a las empresas a mantenerse competitivas y a adaptarse a cambios en el mercado.

Ejemplos Prácticos en el Entorno Empresarial

1. **Eficiencia en la Producción**: Una empresa manufacturera implementa tecnologías avanzadas y técnicas de producción Lean para reducir el tiempo de producción y el uso de materiales, logrando así una mayor eficiencia.
2. **Eficacia en Ventas**: Un equipo de ventas se enfoca en alcanzar su cuota trimestral mediante estrategias de marketing dirigidas y personalizadas, asegurando que las metas de ventas se cumplan de manera efectiva.
3. **Equilibrio en Desarrollo de Productos**: Una empresa de tecnología equilibra la eficiencia y la eficacia al desarrollar nuevos productos. Utiliza metodologías ágiles para optimizar el proceso de desarrollo (eficiencia) mientras se asegura de que los productos finales cumplan con las necesidades del mercado y las expectativas de los clientes (eficacia).

Factores que afectan la productividad en el entorno laboral

La productividad en el entorno laboral es un indicador clave del desempeño organizacional y puede verse influenciada por una variedad de factores. Comprender estos factores es esencial para implementar estrategias efectivas que mejoren la eficiencia y la eficacia de los empleados. En este apartado del capítulo 2, analizaremos los principales factores que afectan la productividad laboral, proporcionando ejemplos y recomendaciones para optimizarlos.

Factores Internos

1. **Ambiente de Trabajo**
   - **Condiciones Físicas**: La iluminación, la temperatura, el ruido y la ergonomía del espacio de trabajo pueden afectar significativamente la productividad de los empleados. Un entorno confortable y bien diseñado mejora la concentración y reduce la fatiga.
   - **Clima Organizacional**: Un ambiente laboral positivo, donde se promueve la colaboración y se reconocen los logros, fomenta la motivación y el compromiso de los empleados.
2. **Gestión del Tiempo**
   - **Planificación y Organización**: La capacidad para planificar y organizar tareas de manera eficiente es crucial para la productividad. El uso de

herramientas de gestión del tiempo, como agendas, listas de tareas y software de gestión de proyectos, puede ayudar a priorizar y gestionar el trabajo de manera efectiva.
- **Eliminación de Distracciones**: Minimizar las interrupciones y las distracciones en el lugar de trabajo, como las reuniones innecesarias o el uso excesivo de dispositivos móviles, es fundamental para mantener la concentración y la productividad.

3. **Capacitación y Desarrollo**
   - **Formación Continua**: Invertir en la capacitación y el desarrollo de habilidades de los empleados asegura que estén actualizados con las últimas tecnologías y prácticas del sector, lo que puede mejorar significativamente la productividad.
   - **Oportunidades de Crecimiento**: Proporcionar oportunidades de avance y desarrollo profesional motiva a los empleados a mejorar su desempeño y a comprometerse con la organización a largo plazo.

4. **Motivación y Reconocimiento**
   - **Incentivos y Recompensas**: Implementar sistemas de incentivos y recompensas que reconozcan el esfuerzo y los logros de los empleados puede aumentar la motivación y la productividad.
   - **Feedback Constante**: Proporcionar retroalimentación regular y constructiva ayuda a los empleados a

comprender sus fortalezas y áreas de mejora, fomentando un crecimiento continuo y un mejor desempeño.
5. **Tecnología y Herramientas**
    - **Software y Equipos Actualizados**: El acceso a tecnología moderna y herramientas adecuadas permite a los empleados realizar su trabajo de manera más eficiente y efectiva.
    - **Automatización de Procesos**: La implementación de sistemas de automatización para tareas repetitivas libera tiempo para que los empleados se concentren en actividades de mayor valor añadido.

Factores Externos

1. **Condiciones Económicas**
    - **Estabilidad del Mercado**: Las fluctuaciones económicas y la estabilidad del mercado pueden influir en la demanda de productos y servicios, afectando así la carga de trabajo y la productividad de la empresa.
    - **Disponibilidad de Recursos**: La accesibilidad a recursos financieros y materiales también impacta la capacidad de la empresa para operar de manera eficiente.
2. **Regulaciones y Políticas**
    - **Normativas Laborales**: Las leyes y regulaciones laborales, como las horas de trabajo, los salarios mínimos y las políticas de seguridad, pueden afectar

la estructura operativa y la productividad de la empresa.
- **Políticas Gubernamentales**: Las políticas fiscales y comerciales implementadas por el gobierno también pueden influir en la operación de la empresa y en la motivación de los empleados.

3. **Competencia del Mercado**
   - **Presión Competitiva**: La competencia en el mercado puede motivar a las empresas a mejorar su eficiencia y productividad para mantenerse competitivas.
   - **Innovación en el Sector**: La adopción de nuevas tecnologías y prácticas innovadoras por parte de la competencia puede impulsar a la empresa a actualizar sus procesos y mejorar su productividad.

Estrategias para Mejorar la Productividad

Para abordar los factores que afectan la productividad, las empresas pueden implementar una variedad de estrategias. A continuación, se presentan algunas recomendaciones clave:

1. **Mejorar el Ambiente de Trabajo**
   - **Optimización del Espacio Físico**: Asegurar que el lugar de trabajo esté bien iluminado, climatizado y diseñado ergonómicamente.
   - **Fomentar un Clima Positivo**: Crear una cultura organizacional que valore la colaboración, la comunicación

abierta y el reconocimiento del trabajo bien hecho.
2. **Gestión Eficiente del Tiempo**
    o **Planificación Estratégica**: Utilizar herramientas de gestión del tiempo y técnicas de priorización para organizar tareas de manera efectiva.
    o **Reducción de Distracciones**: Implementar políticas para minimizar las interrupciones y fomentar periodos de trabajo concentrado.
3. **Invertir en Capacitación y Desarrollo**
    o **Programas de Formación**: Ofrecer formación continua y programas de desarrollo profesional para mantener a los empleados actualizados y motivados.
    o **Oportunidades de Crecimiento**: Proporcionar rutas claras para el avance profesional y oportunidades para que los empleados adquieran nuevas habilidades.
4. **Motivación y Reconocimiento**
    o **Sistemas de Incentivos**: Implementar programas de incentivos y recompensas que reconozcan y valoren el esfuerzo y los logros de los empleados.
    o **Feedback Constante**: Proporcionar retroalimentación regular y constructiva para ayudar a los empleados a mejorar su desempeño.
5. **Adopción de Tecnología**
    o **Actualización de Equipos**: Asegurar que los empleados tengan acceso a la tecnología y las herramientas más

recientes para realizar su trabajo de manera eficiente.
- **Automatización de Procesos**: Implementar soluciones de automatización para tareas rutinarias, liberando tiempo para actividades más estratégicas.

Capítulo 3: La Relación entre KPI y Productividad

Cómo los KPI pueden impulsar la productividad.

Los Indicadores Clave de Desempeño (KPI) son herramientas esenciales en la gestión empresarial, utilizados para medir y evaluar el éxito de una organización en alcanzar sus objetivos estratégicos. Cuando se implementan y utilizan correctamente, los KPI pueden ser un catalizador poderoso para mejorar la productividad en toda la empresa. Este apartado del capítulo 3 se centra en cómo los KPI pueden impulsar la productividad, proporcionando un marco para su correcta selección, implementación y seguimiento.

Definición y Función de los KPI

Los KPI son métricas cuantificables que reflejan el rendimiento de una organización en áreas clave. Estas métricas están alineadas con los objetivos estratégicos de la empresa y proporcionan una manera de monitorear y evaluar el progreso hacia el logro de esos objetivos. Los KPI pueden ser específicos para diferentes departamentos, equipos o procesos, y sirven para:

1. **Medir el Desempeño**: Proporcionar una evaluación objetiva del rendimiento.
2. **Identificar Áreas de Mejora**: Destacar áreas donde el rendimiento puede ser mejorado.

3. **Informar Decisiones**: Guiar la toma de decisiones basadas en datos y hechos.
4. **Motivar al Personal**: Proporcionar objetivos claros y medibles para los empleados.

Selección de KPI Adecuados

Para que los KPI sean efectivos en impulsar la productividad, es crucial seleccionar aquellos que sean relevantes y alineados con los objetivos estratégicos de la empresa. Las características de un buen KPI incluyen:

1. **Específico**: Claramente definido y enfocado en un área particular.
2. **Medible**: Basado en datos que se pueden cuantificar y analizar.
3. **Alcanzable**: Realista y factible de lograr con los recursos disponibles.
4. **Relevante**: Directamente relacionado con los objetivos estratégicos de la organización.
5. **Temporal**: Definido en un marco de tiempo específico para evaluar el progreso.

Implementación de KPI para Impulsar la Productividad

1. **Alineación Estratégica**
    - **Definir Objetivos Claros**: Asegurar que cada KPI esté alineado con los objetivos estratégicos de la empresa. Por ejemplo, si la meta es mejorar la eficiencia operativa, un KPI relevante podría ser el tiempo de ciclo de producción.

- **Comunicación de Objetivos**: Clarificar y comunicar estos objetivos a todos los niveles de la organización para asegurar que todos comprendan la importancia y el propósito de los KPI.
2. **Monitoreo y Evaluación Continua**
    - **Recopilación de Datos**: Implementar sistemas de recopilación de datos precisos y confiables para monitorear los KPI en tiempo real.
    - **Análisis Regular**: Realizar análisis periódicos de los datos recopilados para evaluar el rendimiento y detectar tendencias o problemas emergentes.
3. **Retroalimentación y Ajustes**
    - **Feedback Constante**: Proporcionar retroalimentación regular a los empleados sobre su desempeño en relación con los KPI.
    - **Ajuste de Estrategias**: Utilizar la información derivada de los KPI para ajustar y mejorar las estrategias operativas y de gestión.

Ejemplos de KPI que Impulsan la Productividad

1. **Productividad Laboral**
    - **Output por Hora Trabajada**: Mide la cantidad de productos o servicios generados por hora de trabajo, ayudando a identificar la eficiencia del personal.
    - **Tasa de Cumplimiento de Plazos**: Evalúa la capacidad de cumplir con los plazos establecidos, destacando la eficiencia en la gestión del tiempo.

2. **Eficiencia Operativa**
   o **Tiempo de Ciclo de Producción**: Mide el tiempo total desde el inicio de la producción hasta la finalización, ayudando a identificar cuellos de botella.
   o **Costo por Unidad Producida**: Evalúa el costo asociado con la producción de cada unidad, ayudando a controlar y reducir los costos operativos.
3. **Calidad del Producto**
   o **Tasa de Defectos**: Mide el porcentaje de productos defectuosos en relación con la producción total, ayudando a mejorar la calidad.
   o **Satisfacción del Cliente**: Evalúa la satisfacción del cliente mediante encuestas y feedback, proporcionando una medida de la calidad del producto o servicio.

Beneficios de Utilizar KPI para Mejorar la Productividad

1. **Claridad y Enfoque**
   o **Objetivos Claros**: Los KPI proporcionan claridad sobre lo que se debe lograr, lo que permite a los empleados centrarse en actividades que contribuyen directamente a los objetivos de la organización.
   o **Priorización de Recursos**: Ayudan a priorizar la asignación de recursos a áreas que tienen un mayor impacto en la productividad.
2. **Responsabilidad y Transparencia**

- **Responsabilidad Individual y de Equipo**: Los KPI establecen expectativas claras y ayudan a responsabilizar a los individuos y equipos por su desempeño.
- **Transparencia Organizacional**: Promueven una cultura de transparencia donde el rendimiento es medido y comunicado abiertamente.

3. **Mejora Continua**
   - **Identificación de Áreas de Mejora**: Los KPI revelan áreas que necesitan atención y mejora, facilitando la implementación de iniciativas de mejora continua.
   - **Adaptabilidad y Respuesta Rápida**: Proporcionan datos en tiempo real que permiten a la organización adaptarse y responder rápidamente a los cambios del entorno.
4. **Motivación y Compromiso del Personal**
   - **Metas Alcanzables**: Los KPI establecidos adecuadamente motivan a los empleados al proporcionar metas claras y alcanzables.
   - **Reconocimiento y Recompensa**: Permiten reconocer y recompensar a los empleados por su desempeño, lo que mejora la moral y el compromiso.

Caso de Estudio: Implementación Exitosa de KPI

Una empresa manufacturera decide mejorar su productividad mediante la implementación de KPI específicos. Después de un análisis exhaustivo, seleccionan los siguientes KPI:

1. **Tiempo de Ciclo de Producción**
2. **Tasa de Defectos**
3. **Output por Hora Trabajada**

A través de la implementación de un sistema de monitoreo en tiempo real y la capacitación adecuada de los empleados, la empresa comienza a recopilar y analizar datos. Con base en los resultados iniciales, identifican varias ineficiencias en el proceso de producción y realizan ajustes, como la reconfiguración de la línea de ensamblaje y la actualización de ciertos equipos.

En un periodo de seis meses, la empresa observa una reducción del 20% en el tiempo de ciclo de producción, una disminución del 15% en la tasa de defectos y un aumento del 10% en el output por hora trabajada. Estos resultados no solo mejoran la eficiencia operativa, sino que también aumentan la moral de los empleados, ya que las mejoras en los procesos reducen la carga de trabajo y los niveles de estrés.

Medición de la productividad a través de KPI.

La medición de la productividad es crucial para cualquier organización que busque optimizar su rendimiento y alcanzar sus objetivos estratégicos. Los Indicadores Clave de Desempeño (KPI) son herramientas esenciales en este proceso, ya que permiten una evaluación precisa y continua de la eficiencia y eficacia de diversos procesos y actividades dentro de la empresa. Este apartado se centrará en cómo utilizar KPI para medir la productividad de manera efectiva, destacando las mejores prácticas y ejemplos prácticos.

Definición y Relevancia de la Medición de Productividad

La productividad se refiere a la relación entre los resultados obtenidos y los recursos utilizados para alcanzarlos. En términos simples, es una medida de cuánto se produce en relación con lo que se invierte. La medición de la productividad a través de KPI es fundamental porque:

- Proporciona una visión clara del rendimiento organizacional.
- Identifica áreas de mejora y oportunidades para optimización.
- Facilita la toma de decisiones informadas basadas en datos concretos.
- Ayuda a alinear los esfuerzos de los empleados con los objetivos estratégicos de la empresa.

Selección de KPI Adecuados para Medir la Productividad

La elección de los KPI adecuados es esencial para una medición efectiva de la productividad. Los KPI deben ser específicos, medibles, alcanzables, relevantes y temporales (SMART). A continuación, se presentan algunos ejemplos de KPI comunes utilizados para medir la productividad:

- **Productividad Laboral**: Medida de la producción (unidades producidas, ventas, etc.) por hora de trabajo.
- **Tasa de Cumplimiento de Plazos**: Porcentaje de proyectos o tareas completadas dentro del plazo establecido.
- **Costo por Unidad Producida**: Costo total dividido por el número de unidades producidas.
- **Índice de Eficiencia de Recursos**: Relación entre la cantidad de recursos utilizados y la cantidad de producción obtenida.
- **Tasa de Utilización de Capacidad**: Porcentaje de capacidad productiva utilizada en un período determinado.

Implementación de KPI para la Medición de Productividad

La implementación de KPI para medir la productividad implica varios pasos clave:

1. **Identificación de Objetivos**: Determinar los objetivos estratégicos y operativos que se quieren alcanzar.
2. **Selección de KPI**: Elegir los KPI que mejor se alineen con los objetivos identificados.
3. **Recolección de Datos**: Establecer métodos y herramientas para la recolección de datos precisos y consistentes.
4. **Análisis de Datos**: Evaluar los datos recopilados para identificar tendencias, patrones y áreas de mejora.
5. **Informe y Comunicación**: Crear informes claros y concisos que comuniquen los hallazgos a las partes interesadas.

6. **Ajuste y Mejora Continua**: Utilizar los resultados del análisis para realizar ajustes y mejoras en los procesos.

Ejemplos de KPI Relacionados con la Productividad en Diferentes Industrias

1. **Industria Manufacturera**:
   - **KPI**: Unidades producidas por hora.
   - **Descripción**: Mide la cantidad de productos terminados producidos por hora de trabajo.
   - **Beneficios**: Ayuda a identificar cuellos de botella y optimizar el uso de maquinaria y mano de obra.
2. **Sector de Servicios**:
   - **KPI**: Tiempo de resolución de tickets de soporte.
   - **Descripción**: Tiempo promedio que se tarda en resolver una solicitud de soporte desde su creación hasta su resolución.
   - **Beneficios**: Permite mejorar la eficiencia del equipo de soporte y aumentar la satisfacción del cliente.
3. **Retail**:
   - **KPI**: Ventas por empleado.
   - **Descripción**: Mide el valor de las ventas generadas por cada empleado.
   - **Beneficios**: Facilita la evaluación del desempeño individual y la identificación de necesidades de capacitación.

Herramientas y Técnicas para Medir la Productividad a través de KPI

Existen diversas herramientas y técnicas que pueden facilitar la medición de la productividad utilizando KPI:

- **Software de Gestión de KPI**: Herramientas específicas para la gestión y monitoreo de KPI, como Tableau, Power BI y Google Data Studio.
- **Análisis de Datos**: Utilización de técnicas de análisis estadístico para interpretar los datos de los KPI.
- **Cuadros de Mando Integral (Balanced Scorecard)**: Metodología que integra diferentes KPI para proporcionar una visión holística del rendimiento organizacional.

Ejemplos Prácticos de KPI Relacionados con la Productividad en Diferentes Industrias

1. Industria Manufacturera

KPI: Unidades producidas por hora

- **Descripción**: Este KPI mide la cantidad de productos terminados producidos por cada hora de trabajo en la línea de producción.
- **Beneficios**: Permite evaluar la eficiencia de la producción y la utilización de recursos, identificando oportunidades para mejorar la productividad y reducir costos operativos. Además, ayuda a gestionar la capacidad de

producción y a identificar posibles cuellos de botella en el proceso.

KPI: Tiempo de ciclo de fabricación

- **Descripción**: Este indicador mide el tiempo promedio que se tarda desde el inicio hasta la finalización del proceso de fabricación de un producto.
- **Beneficios**: Permite optimizar los procesos de fabricación, reduciendo los tiempos de espera y aumentando la eficiencia operativa. Un ciclo de fabricación más corto significa una capacidad de respuesta más rápida a la demanda del mercado y una mejora en la competitividad.

2. Sector de Servicios

KPI: Tiempo de respuesta al cliente

- **Descripción**: Este KPI mide el tiempo promedio que se tarda en responder a las consultas o solicitudes de los clientes.
- **Beneficios**: Ayuda a mejorar la satisfacción del cliente al proporcionar respuestas rápidas y eficientes. Un tiempo de respuesta más corto también puede indicar una mayor eficiencia en la gestión de consultas, lo que contribuye a la fidelización de los clientes y a la mejora de la reputación de la empresa en el mercado.

KPI: Tasa de utilización de recursos

- **Descripción**: Este indicador mide el porcentaje de tiempo que los recursos (como

el personal, las instalaciones y los equipos) están siendo utilizados de manera efectiva para generar ingresos.
- **Beneficios**: Permite identificar y reducir el desperdicio de recursos, mejorar la eficiencia operativa y optimizar la rentabilidad. Una alta tasa de utilización de recursos indica una gestión efectiva de los activos de la empresa y una mayor productividad global.

3. Sector Financiero

KPI: Ingresos por empleado

- **Descripción**: Este KPI mide la cantidad de ingresos generados por cada empleado en un período específico.
- **Beneficios**: Proporciona una métrica clave para evaluar la eficiencia y el rendimiento del equipo, así como para gestionar los costos laborales en relación con los ingresos generados. Además, ayuda a identificar oportunidades para mejorar la productividad individual y del equipo a través de la formación y el desarrollo.

KPI: Retorno sobre Activos (ROA)

- **Descripción**: Este indicador calcula la eficiencia con la que una empresa utiliza sus activos para generar beneficios.
- **Beneficios**: Permite evaluar la rentabilidad y la eficiencia operativa de la empresa, identificando áreas donde se pueden mejorar los procesos o redirigir recursos para aumentar el rendimiento general. Un ROA más alto

indica una gestión eficaz de los activos y una mayor productividad en la utilización de recursos financieros.

4. Sector Retail

KPI: Ventas por metro cuadrado

- **Descripción**: Este KPI mide la cantidad de ventas generadas por cada metro cuadrado de espacio de venta.
- **Beneficios**: Ayuda a optimizar el diseño del espacio de venta y la disposición de los productos para maximizar las ventas por área utilizada. Además, proporciona una medida eficaz para evaluar la eficiencia en la gestión del espacio y la rentabilidad de cada ubicación de tienda.

KPI: Tasa de conversión de ventas

- **Descripción**: Este indicador mide el porcentaje de visitantes a la tienda que finalizan una compra.
- **Beneficios**: Permite evaluar la efectividad de las estrategias de marketing, la capacitación del personal y la disposición de los productos para convertir visitas en ventas. Mejorar la tasa de conversión ayuda a aumentar la productividad del personal de ventas y optimizar el rendimiento de cada ubicación de tienda.

Parte 2: Diseño y Selección de KPI

Capítulo 4: Identificación de Áreas Clave de Rendimiento

Identificación de Procesos Críticos y Áreas de Impacto

Identificar los procesos críticos y las áreas de impacto es fundamental para optimizar el rendimiento organizacional mediante el uso efectivo de los Indicadores Clave de Desempeño (KPI). Este capítulo se centra en cómo las empresas pueden identificar y priorizar estos elementos clave para impulsar la productividad y alcanzar sus objetivos estratégicos.

Definición de Procesos Críticos y Áreas de Impacto

Los procesos críticos son aquellos que tienen un impacto significativo en la eficiencia, la calidad y la rentabilidad de la empresa. Las áreas de impacto, por otro lado, son aquellas partes del negocio que, al mejorar su desempeño, tienen un efecto positivo en el cumplimiento de los objetivos organizacionales.

Metodologías y Herramientas para la Identificación

Existen varias metodologías y herramientas que las organizaciones pueden utilizar para identificar los procesos críticos y las áreas de impacto:

- **Análisis de Valor**: Evalúa las actividades de negocio desde la perspectiva del valor añadido para el cliente y la empresa.
- **Diagrama de Ishikawa (Espina de Pescado)**: Identifica causas potenciales de problemas organizándolas en categorías como personas, procesos, materiales y entorno.
- **Entrevistas y Talleres de Brainstorming**: Facilitan la discusión entre equipos para identificar áreas de mejora y oportunidades no exploradas.

Determinación de Objetivos Estratégicos y Operativos

Una vez identificados los procesos críticos y las áreas de impacto, es crucial alinearlos con los objetivos estratégicos y operativos de la empresa. Esto implica:

- **Definición de Objetivos Claros**: Establecer metas específicas y medibles que guíen la mejora de los procesos identificados.
- **Priorización de Iniciativas**: Determinar qué procesos deben recibir mayor atención y recursos en función de su impacto en los resultados organizacionales.

Ejemplo Práctico: Identificación de Procesos Críticos en una Empresa de Manufactura

En una empresa manufacturera, los procesos críticos pueden incluir:

- **Proceso de Producción**: Optimización de la eficiencia de la línea de montaje para reducir el tiempo de ciclo y mejorar la calidad del producto.
- **Gestión de Inventarios**: Mejora en la precisión del inventario para minimizar las pérdidas por obsolescencia y maximizar la disponibilidad de productos.
- **Logística y Distribución**: Reducción de costos de transporte y tiempos de entrega para mejorar la satisfacción del cliente y la competitividad en el mercado.

Beneficios de la Identificación de Procesos Críticos y Áreas de Impacto

Identificar adecuadamente los procesos críticos y las áreas de impacto proporciona numerosos beneficios:

- **Optimización de Recursos**: Uso eficiente de tiempo, dinero y talento en áreas que generan el mayor retorno.
- **Mejora Continua**: Facilita un enfoque sistemático para la mejora continua de los procesos y operaciones.
- **Alineación Estratégica**: Asegura que todas las actividades estén alineadas con los objetivos estratégicos de la organización.

Determinación de Objetivos Estratégicos y Operativos

La determinación de objetivos estratégicos y operativos es un paso crucial después de identificar los procesos críticos y las áreas de impacto en una organización. Este capítulo explora cómo las empresas pueden establecer metas claras y medibles que guíen la mejora continua y aseguren que todas las iniciativas estén alineadas con la visión y la misión corporativas.

Definición de Objetivos Estratégicos y Operativos

Los objetivos estratégicos son metas a largo plazo que definen la dirección general y los logros que una organización aspira alcanzar. Por otro lado, los objetivos operativos son metas específicas y prácticas que se derivan de los objetivos estratégicos y guían las acciones diarias y los esfuerzos tácticos de la empresa.

Metodologías para Establecer Objetivos

Existen varias metodologías y enfoques para establecer objetivos estratégicos y operativos de manera efectiva:

- **SMART Goals (Objetivos SMART)**: Establecer objetivos que sean Específicos, Medibles, Alcanzables, Relevantes y

Temporales para garantizar que sean claros y alcanzables.
- **Balanced Scorecard (Cuadro de Mando Integral)**: Utilizar un marco que traduce la visión y la estrategia de la organización en un conjunto coherente de objetivos de desempeño.
- **Metas Basadas en Resultados (Outcome-Based Goals)**: Centrarse en los resultados deseados y los impactos esperados de las acciones organizacionales.

Ejemplo Práctico: Determinación de Objetivos en una Empresa de Tecnología

En una empresa de tecnología, los objetivos estratégicos y operativos podrían incluir:

- **Objetivo Estratégico**: Expandir la presencia en mercados internacionales para aumentar la cuota de mercado global en un 20% en los próximos 3 años.
    - **Objetivo Operativo**: Desarrollar y lanzar productos localizados adaptados a mercados específicos para mejorar la penetración en nuevos territorios.
- **Objetivo Estratégico**: Mejorar la satisfacción del cliente mediante la reducción del tiempo de respuesta del soporte técnico en un 30% durante el próximo año.
    - **Objetivo Operativo**: Implementar un sistema de gestión de tickets de soporte mejorado y capacitar al equipo para mejorar la eficiencia y la calidad del servicio al cliente.

Importancia de la Alineación Estratégica

La alineación estratégica asegura que los objetivos estratégicos y operativos estén conectados de manera coherente con la misión y visión de la organización. Esto promueve la cohesión entre los diferentes departamentos y equipos, garantizando que todos trabajen hacia metas comunes y contribuyan efectivamente al éxito organizacional.

Beneficios de la Determinación de Objetivos Estratégicos y Operativos

- **Claridad y Enfoque**: Proporciona dirección clara y específica para todas las actividades organizacionales.
- **Motivación y Compromiso**: Motiva a los empleados al ofrecer metas desafiantes pero alcanzables que inspiran el compromiso y el trabajo en equipo.
- **Evaluación y Rendición de Cuentas**: Facilita la evaluación del progreso y la rendición de cuentas, permitiendo ajustes estratégicos y tácticos según sea necesario.

Priorización de KPI según la Estrategia Empresarial

La priorización de Indicadores Clave de Desempeño (KPI) según la estrategia empresarial es fundamental para asegurar que los recursos y esfuerzos se concentren en medir aquellos aspectos que más impactan en el logro de los objetivos organizacionales. Este capítulo explora cómo las empresas pueden seleccionar y priorizar los KPI de manera efectiva para alinearlos con su visión estratégica y maximizar el rendimiento general.

Importancia de la Priorización de KPI

La correcta priorización de KPI proporciona varios beneficios clave:

- **Enfoque Estratégico**: Asegura que los esfuerzos estén centrados en áreas críticas que impulsan el éxito empresarial.
- **Optimización de Recursos**: Utiliza eficientemente los recursos limitados al enfocarse en los KPI que generan el mayor valor.
- **Medición del Progreso**: Facilita la evaluación continua del progreso hacia los objetivos estratégicos, permitiendo ajustes y mejoras cuando sea necesario.

Metodología de Priorización de KPI

Para priorizar los KPI según la estrategia empresarial, las organizaciones pueden seguir una metodología estructurada que incluya los siguientes pasos:

1. **Alineación con Objetivos Estratégicos**: Evaluar cómo cada KPI contribuye directamente al logro de los objetivos estratégicos de la organización.
2. **Evaluación de Impacto**: Determinar el impacto potencial de cada KPI en el

desempeño general y en los resultados empresariales.
3. **Factibilidad de Medición**: Considerar la capacidad y la viabilidad de medir y obtener datos precisos para cada KPI seleccionado.
4. **Consulta y Participación**: Involucrar a partes interesadas clave, como líderes de equipos y departamentos, en el proceso de selección y priorización de KPI.

Ejemplo Práctico: Priorización de KPI en una Empresa de Retail

En una empresa de retail, la priorización de KPI podría incluir:

- **KPI**: Tasa de Conversión de Ventas
    - **Razón**: Alineado con el objetivo estratégico de mejorar la eficiencia en el punto de venta y aumentar las ventas por cliente.
    - **Impacto**: Mejora la rentabilidad y optimiza la gestión de inventarios.
    - **Factibilidad**: Datos disponibles a través de sistemas de punto de venta y análisis de ventas.
- **KPI**: Índice de Rotación de Inventarios
    - **Razón**: Apoya el objetivo estratégico de gestionar eficientemente los recursos financieros y mejorar la disponibilidad de productos.
    - **Impacto**: Reduce costos de almacenamiento y pérdidas por obsolescencia.

- **Factibilidad**: Datos disponibles en sistemas de gestión de inventarios y contabilidad.

Beneficios de la Priorización Efectiva de KPI

- **Enfoque en Resultados Claves**: Permite una toma de decisiones más informada y orientada a resultados.
- **Transparencia y Responsabilidad**: Fomenta la transparencia organizacional al establecer expectativas claras y medibles.
- **Mejora Continua**: Facilita la identificación de áreas de mejora y la implementación de acciones correctivas de manera oportuna.

Capítulo 5: Diseño de KPI Efectivos

Metodologías para Diseñar KPI

1. Método SMART

El enfoque SMART es una metodología ampliamente utilizada para establecer objetivos específicos, medibles, alcanzables, relevantes y con un tiempo definido. Aplicado al diseño de KPI, este método asegura que cada indicador sea:

- **Específico**: Claramente definido y enfocado en un resultado concreto.
- **Medible**: Cuantificable y capaz de ser evaluado objetivamente.
- **Alcanzable**: Realista y dentro de las capacidades de la organización para lograrlo.
- **Relevante**: Pertinente para los objetivos estratégicos y el éxito organizacional.
- **Temporal**: Establecido con un marco de tiempo claro para su logro y evaluación periódica.

Ejemplo: Un KPI SMART para un equipo de ventas podría ser "Aumentar las ventas mensuales en un 10% para fin de año".

2. Balance Scorecard (BSC)

El BSC es un marco integral que traduce la visión y la estrategia de una organización en un conjunto equilibrado de KPI en cuatro perspectivas principales:

financiera, cliente, procesos internos y aprendizaje y crecimiento.

- **Perspectiva Financiera**: KPI relacionados con la rentabilidad, el retorno de la inversión y la generación de ingresos.
- **Perspectiva del Cliente**: KPI que miden la satisfacción del cliente, lealtad y retención.
- **Procesos Internos**: KPI centrados en la eficiencia operativa, calidad y mejora continua.
- **Aprendizaje y Crecimiento**: KPI que evalúan la capacidad de la organización para innovar, desarrollar habilidades y adaptarse al cambio.

Ejemplo: En un hospital, los KPI del BSC podrían incluir "Índice de satisfacción del paciente", "Costo por paciente atendido", "Porcentaje de cumplimiento de estándares de calidad".

3. Análisis de Causa Raíz (RCA)

El RCA es una metodología para identificar las causas fundamentales de un problema o resultado específico. Aplicado al diseño de KPI, el RCA ayuda a determinar qué factores influyen en el desempeño medido y cómo se pueden mejorar.

- **Identificación de Causas**: Análisis detallado para entender por qué un KPI muestra ciertos resultados.
- **Acciones Correctivas**: Implementación de medidas para abordar las causas subyacentes y mejorar el rendimiento.

- **Monitoreo Continuo**: Revisión periódica para asegurar que las acciones correctivas estén teniendo el impacto deseado en el KPI.

Ejemplo: Para mejorar la satisfacción del cliente en un centro de llamadas, se podría realizar un RCA para identificar las principales quejas de los clientes y luego establecer KPI específicos para reducir esas quejas.

4. Benchmarking

El benchmarking implica comparar los procesos y el desempeño de una organización con los de otras empresas líderes en la industria. Esta metodología ayuda a establecer metas competitivas y desarrollar KPI basados en las mejores prácticas del sector.

- **Identificación de Referencias**: Selección de empresas o unidades de negocio líderes en el sector para comparar.
- **Análisis Comparativo**: Evaluación de cómo se desempeña la propia organización en relación con los benchmarks identificados.
- **Adopción de Mejores Prácticas**: Implementación de KPI que reflejen los estándares de desempeño de las organizaciones de referencia.

Ejemplo: Una empresa de telecomunicaciones podría utilizar el benchmarking para establecer KPI de "Tiempo de resolución de problemas técnicos" basados en los estándares de los principales competidores del mercado.

Herramientas y Técnicas para la Recolección de Datos

La recolección de datos precisa y eficiente es fundamental para el diseño y monitoreo efectivo de los Indicadores Clave de Desempeño (KPI). Este capítulo aborda las diversas herramientas y técnicas que las organizaciones pueden utilizar para recopilar datos relevantes y de alta calidad, asegurando que los KPI proporcionen información útil y accionable.

Importancia de la Recolección de Datos

Una recolección de datos adecuada es crucial para:

- **Precisión en la Medición**: Garantiza que los KPI reflejen con exactitud el desempeño organizacional.
- **Toma de Decisiones Informada**: Proporciona datos confiables para la toma de decisiones estratégicas y operativas.
- **Mejora Continua**: Facilita la identificación de áreas de mejora y el seguimiento del progreso a lo largo del tiempo.

Herramientas para la Recolección de Datos

1. **Sistemas de Gestión Empresarial (ERP)**
   - **Descripción**: Sistemas integrados que manejan y automatizan muchos de los procesos de negocio principales.
   - **Ventajas**: Centraliza los datos, facilita el acceso y el análisis en tiempo real.

- **Ejemplos**: SAP, Oracle ERP, Microsoft Dynamics.
2. **Software de Gestión de Relaciones con Clientes (CRM)**
    - **Descripción**: Sistemas diseñados para gestionar las interacciones de la empresa con clientes actuales y potenciales.
    - **Ventajas**: Proporciona datos detallados sobre el comportamiento y las preferencias del cliente.
    - **Ejemplos**: Salesforce, HubSpot, Zoho CRM.
3. **Herramientas de Análisis de Datos**
    - **Descripción**: Software especializado en la recolección, procesamiento y análisis de grandes volúmenes de datos.
    - **Ventajas**: Ofrece capacidades avanzadas de análisis y visualización de datos.
    - **Ejemplos**: Tableau, Power BI, Google Analytics.
4. **Sistemas de Gestión de Inventarios**
    - **Descripción**: Software que ayuda a gestionar y optimizar los niveles de inventario.
    - **Ventajas**: Proporciona datos en tiempo real sobre el inventario disponible, reduciendo costos y mejorando la eficiencia.
    - **Ejemplos**: NetSuite, TradeGecko, Odoo.
5. **Plataformas de Automatización de Marketing**

- **Descripción**: Herramientas que automatizan tareas de marketing y recopilan datos sobre campañas y comportamientos de los consumidores.
- **Ventajas**: Facilita la segmentación del mercado y el análisis de la efectividad de las campañas.
- **Ejemplos**: Marketo, Mailchimp, Pardot.

Técnicas para la Recolección de Datos

1. **Encuestas y Cuestionarios**
   - **Descripción**: Herramientas utilizadas para recolectar datos directos de los clientes, empleados u otras partes interesadas.
   - **Ventajas**: Fácil de implementar y puede proporcionar datos cualitativos y cuantitativos valiosos.
   - **Ejemplos**: SurveyMonkey, Google Forms, Typeform.
2. **Entrevistas y Grupos Focales**
   - **Descripción**: Reuniones estructuradas para obtener información detallada de los participantes.
   - **Ventajas**: Permite obtener información profunda y detallada, así como comprender mejor las percepciones y actitudes.
   - **Ejemplos**: Entrevistas cara a cara, entrevistas telefónicas, grupos focales moderados.
3. **Análisis de Registros y Documentos**

- **Descripción**: Revisión de registros históricos, informes y documentos internos.
- **Ventajas**: Proporciona una base sólida de datos históricos y actuales para el análisis.
- **Ejemplos**: Informes financieros, registros de ventas, informes de rendimiento.

4. **Observación Directa**
   - **Descripción**: Técnica de recolección de datos donde se observan directamente los procesos o comportamientos.
   - **Ventajas**: Permite la recopilación de datos en tiempo real y en el contexto natural.
   - **Ejemplos**: Observación en el lugar de trabajo, análisis de videos de vigilancia.

5. **Monitoreo en Tiempo Real**
   - **Descripción**: Uso de sensores, dispositivos IoT y otros medios para recolectar datos en tiempo real.
   - **Ventajas**: Proporciona datos continuos y en tiempo real que pueden ser utilizados para el monitoreo constante del desempeño.
   - **Ejemplos**: Sensores de producción, dispositivos de monitoreo de salud, sistemas SCADA.

Beneficios de Utilizar Herramientas y Técnicas Efectivas

- **Mejora en la Calidad de los Datos**: Herramientas y técnicas adecuadas aseguran la precisión y la confiabilidad de los datos recolectados.
- **Eficiencia Operativa**: Automatiza la recolección de datos y reduce el tiempo y esfuerzo necesarios para recopilar y analizar información.
- **Toma de Decisiones Basada en Datos**: Proporciona una base sólida para tomar decisiones informadas y estratégicas.

Alineación de KPI con Objetivos Estratégicos y Operativos

La alineación de los Indicadores Clave de Desempeño (KPI) con los objetivos estratégicos y operativos es fundamental para asegurar que las métricas seleccionadas realmente contribuyan al logro de las metas organizacionales. Este capítulo explora cómo las empresas pueden garantizar que sus KPI estén directamente vinculados con sus objetivos a largo y corto plazo, optimizando así el rendimiento y la efectividad de sus estrategias.

Importancia de la Alineación

La alineación de los KPI con los objetivos estratégicos y operativos asegura que todas las actividades de medición y seguimiento estén enfocadas en áreas que impactan significativamente el éxito de la organización. Esta alineación permite:

- **Enfoque y Prioridad**: Concentrar recursos y esfuerzos en lo que realmente importa.
- **Cohesión y Consistencia**: Asegurar que todos los niveles de la organización trabajen hacia metas comunes.
- **Mejora Continua**: Facilitar la identificación de áreas de mejora y el ajuste de estrategias basadas en datos precisos.

Proceso de Alineación de KPI

1. **Identificación de Objetivos Estratégicos y Operativos**
    - **Objetivos Estratégicos**: Metas a largo plazo que reflejan la visión y misión de la organización.
    - **Objetivos Operativos**: Metas a corto y medio plazo que apoyan los objetivos estratégicos y son más específicos y accionables.
2. **Desglose de Objetivos en KPI Específicos**
    - Desglosar cada objetivo estratégico en varios objetivos operativos.
    - Identificar KPI que midan directamente el progreso hacia cada uno de estos objetivos.
3. **Uso del Cuadro de Mando Integral (Balanced Scorecard)**
    - **Descripción**: Herramienta de gestión que traduce la visión y la estrategia de una empresa en un conjunto coherente de objetivos de rendimiento.

- **Perspectivas**: Financiera, del cliente, de procesos internos, de aprendizaje y crecimiento.
- **Ventajas**: Asegura una visión equilibrada y holística del desempeño organizacional.

4. **Metodología SMART para KPI**
   - **Específicos**: Los KPI deben ser claros y bien definidos.
   - **Medibles**: Deben ser cuantificables para facilitar la evaluación.
   - **Alcanzables**: Realistas y alcanzables dentro de las capacidades de la organización.
   - **Relevantes**: Directamente relacionados con los objetivos estratégicos y operativos.
   - **Temporales**: Con un marco de tiempo definido para su evaluación.

Ejemplo Práctico: Alineación en una Empresa de Tecnología

1. **Objetivo Estratégico**: Expandir la presencia en mercados internacionales.
   - **Objetivo Operativo**: Incrementar las ventas internacionales en un 20% en los próximos dos años.
     - **KPI**: Tasa de crecimiento de ventas internacionales.
     - **KPI**: Número de nuevos mercados penetrados.
     - **KPI**: Satisfacción del cliente en mercados internacionales.
2. **Objetivo Estratégico**: Mejorar la satisfacción del cliente.

- **Objetivo Operativo**: Reducir el tiempo de respuesta del soporte técnico en un 30% en el próximo año.
  - **KPI**: Tiempo promedio de resolución de tickets de soporte.
  - **KPI**: Índice de satisfacción del cliente post-servicio.
  - **KPI**: Tasa de resolución en el primer contacto.

Beneficios de la Alineación de KPI con Objetivos

- **Claridad en la Dirección Estratégica**: Los empleados entienden mejor cómo su trabajo contribuye a los objetivos generales de la organización.
- **Eficiencia Operativa**: Los recursos se utilizan de manera más efectiva, enfocándose en actividades que generan el mayor impacto.
- **Responsabilidad y Transparencia**: Facilita la rendición de cuentas y el seguimiento del desempeño, asegurando que todos los niveles de la organización estén alineados.

Herramientas para Facilitar la Alineación

- **Software de Gestión de Desempeño**: Plataformas como OKR (Objectives and Key Results) que ayudan a alinear y rastrear los objetivos y KPI a nivel organizacional.
- **Reuniones de Revisión de Desempeño**: Reuniones periódicas para evaluar el progreso de los KPI y realizar ajustes necesarios.
- **Mapas Estratégicos**: Visualizaciones que muestran la relación entre los objetivos

estratégicos y los KPI, facilitando la comprensión y comunicación interna.

Capítulo 6: Implementación de KPI en la Empresa

Pasos para Implementar un Sistema de KPI

La implementación efectiva de un sistema de Indicadores Clave de Desempeño (KPI) es crucial para asegurar que las métricas seleccionadas impulsen el éxito organizacional y la mejora continua. Este capítulo detalla los pasos fundamentales que las organizaciones deben seguir para implementar un sistema de KPI de manera eficaz y asegurar su integración exitosa en la cultura organizacional.

Paso 1: Definición de Objetivos Claros

- **Descripción**: Antes de seleccionar los KPI, es fundamental tener objetivos claros y bien definidos que guíen la implementación.
- **Acciones**:
    - Identificar los objetivos estratégicos y operativos que el sistema de KPI apoyará.
    - Desglosar los objetivos en metas específicas y medibles.
    - Establecer expectativas claras sobre lo que se espera lograr con la implementación de KPI.

Paso 2: Identificación de KPI Relevantes

- **Descripción**: Seleccionar los KPI que mejor reflejen el progreso hacia los objetivos definidos y que sean relevantes para el éxito de la organización.
- **Acciones**:
  - Realizar un análisis detallado de los procesos y áreas críticas que impactan los resultados organizacionales.
  - Consultar a partes interesadas clave para asegurar que los KPI sean entendidos y respaldados.
  - Aplicar metodologías como SMART para asegurar que los KPI sean específicos, medibles, alcanzables, relevantes y temporales.

Paso 3: Establecimiento de Métricas y Metas

- **Descripción**: Definir métricas específicas y establecer metas claras para cada KPI seleccionado.
- **Acciones**:
  - Determinar las unidades de medida y frecuencia de recolección de datos para cada KPI.
  - Establecer metas de desempeño que sean desafiantes pero alcanzables.
  - Asegurar que las métricas seleccionadas sean consistentes y puedan proporcionar información útil y accionable.

Paso 4: Implementación y Comunicación

- **Descripción**: Llevar a cabo la implementación de los KPI y comunicar de manera efectiva su propósito y beneficios a toda la organización.
- **Acciones**:
  - Designar responsabilidades claras para la recolección, análisis y reporte de datos relacionados con los KPI.
  - Capacitar al personal relevante sobre cómo utilizar y entender los KPI en su contexto.
  - Comunicar regularmente los progresos y resultados obtenidos a través de los KPI para mantener el compromiso y la transparencia.

Paso 5: Monitoreo y Evaluación Continua

- **Descripción**: Establecer un proceso continuo de monitoreo y evaluación para asegurar que los KPI sigan siendo relevantes y efectivos.
- **Acciones**:
  - Establecer intervalos regulares para revisar y analizar los datos de los KPI.
  - Comparar los resultados obtenidos con las metas establecidas y realizar ajustes si es necesario.
  - Identificar áreas de mejora continua basadas en los insights obtenidos de los KPI.

Paso 6: Ajuste y Mejora Continua

- **Descripción**: Adaptar y ajustar los KPI según las necesidades cambiantes del negocio y los resultados obtenidos.
- **Acciones**:
    o Evaluar periódicamente la relevancia de los KPI en relación con los objetivos estratégicos de la organización.
    o Incorporar retroalimentación y aprendizajes de la implementación anterior para mejorar los sistemas futuros de KPI.
    o Mantener la flexibilidad para ajustar los KPI en función de cambios internos o externos que afecten el negocio.

Beneficios de Implementar un Sistema de KPI

- Mejora en la alineación estratégica y operativa.
- Mejora en la toma de decisiones basada en datos.
- Fomento de una cultura organizacional orientada al rendimiento y la mejora continua.

Superación de Resistencias y Gestión del Cambio

La implementación de un sistema de Indicadores Clave de Desempeño (KPI) puede enfrentar resistencias y desafíos dentro de la organización. Esta sección aborda cómo superar estas resistencias y gestionar eficazmente el cambio organizacional para garantizar el éxito y la aceptación del sistema de KPI.

Identificación de Resistencias Comunes

- **Falta de Comprensión**: Algunos empleados pueden no entender la importancia de los KPI o cómo pueden beneficiar a la organización.
- **Miedo al Cambio**: Resistencia por parte de aquellos que temen que los KPI puedan llevar a una mayor presión o evaluación de desempeño.
- **Cultura Organizacional Resistente**: En organizaciones con culturas arraigadas, el cambio puede ser difícil de implementar.
- **Falta de Recursos o Capacitación**: La implementación de KPI puede requerir recursos adicionales o habilidades que no están disponibles actualmente.

Estrategias para Superar Resistencias

1. **Educación y Comunicación**
    - **Descripción**: Informar y educar a los empleados sobre los beneficios y propósitos de los KPI.
    - **Acciones**:
        - Organizar sesiones de capacitación y talleres para explicar cómo funcionarán los KPI y cómo se relacionan con los objetivos organizacionales.
        - Utilizar casos de estudio y ejemplos concretos para ilustrar

cómo los KPI pueden conducir a mejoras tangibles.
2. **Involucrar a las Partes Interesadas**
    o **Descripción**: Obtener el apoyo y la participación activa de las partes interesadas clave en el proceso de implementación.
    o **Acciones**:
        - Consultar a gerentes, líderes de equipo y otros empleados relevantes para obtener su opinión sobre los KPI y sus áreas de enfoque.
        - Incorporar retroalimentación y sugerencias en el diseño y selección final de los KPI.
3. **Crear una Visión Compartida**
    o **Descripción**: Establecer una visión clara y compartida de cómo los KPI pueden beneficiar a la organización y a los individuos.
    o **Acciones**:
        - Articular cómo los KPI pueden ayudar a mejorar la efectividad operativa, la calidad del servicio o la satisfacción del cliente.
        - Mostrar cómo los KPI pueden apoyar los objetivos personales y profesionales de los empleados al proporcionar una dirección clara y objetiva.
4. **Demostrar Resultados Iniciales**
    o **Descripción**: Mostrar resultados tempranos y positivos derivados de la

implementación de KPI para generar confianza y entusiasmo.
- **Acciones**:
  - Iniciar con un conjunto inicial de KPI que sean fáciles de entender y medir.
  - Comunicar de manera transparente los avances y logros alcanzados a medida que se implementan los KPI.

Gestión del Cambio Organizacional

1. **Liderazgo Comprometido**
   - **Descripción**: El liderazgo efectivo es fundamental para guiar el proceso de cambio y mantener el impulso detrás de la implementación de KPI.
   - **Acciones**:
     - Designar líderes de cambio responsables de dirigir y apoyar la implementación de KPI.
     - Asegurar que los líderes sean modelos a seguir en la adopción y el uso efectivo de los KPI.
2. **Flexibilidad y Adaptabilidad**
   - **Descripción**: Ser receptivo a los ajustes y mejoras continuas a medida que se implementan los KPI.
   - **Acciones**:
     - Estar preparado para ajustar los KPI según sea necesario para abordar las necesidades emergentes o cambios en el entorno empresarial.

- Fomentar una cultura organizacional que valore el aprendizaje y la mejora continua a través de los datos recopilados por los KPI.

3. **Reconocimiento y Recompensa**
   o **Descripción**: Reconocer y recompensar los esfuerzos y los logros relacionados con el uso efectivo de los KPI.
   o **Acciones**:
      - Establecer incentivos que reconozcan a los equipos o individuos que demuestren un excelente desempeño basado en los KPI.
      - Celebrar públicamente los éxitos y las mejoras alcanzadas a través de la implementación de KPI.

Beneficios de una Gestión Efectiva del Cambio

- **Aceptación y Compromiso**: Mejora la aceptación y el compromiso de los empleados con los nuevos procesos y métricas.
- **Reducción de la Resistencia**: Minimiza la resistencia y facilita la transición hacia una cultura orientada al rendimiento y a la mejora continua.
- **Impacto en el Rendimiento**: Permite que los KPI realmente impulsen mejoras significativas en el rendimiento organizacional.

Integración de KPI en la Cultura Organizacional

La integración exitosa de los Indicadores Clave de Desempeño (KPI) en la cultura organizacional es crucial para asegurar que estos sean efectivamente adoptados y utilizados por todos los niveles de la organización. Este apartado explora cómo las empresas pueden incorporar los KPI en su cultura empresarial, fomentando así un enfoque centrado en el rendimiento y la mejora continua.

Creación de una Cultura de Medición y Mejora

1. **Claridad en los Objetivos y Visión**
   - **Descripción**: Alinear los KPI con los objetivos estratégicos y operativos claros de la organización.
   - **Acciones**:
     - Comunicar de manera efectiva cómo los KPI contribuyen a la realización de la misión y visión de la empresa.
     - Asegurar que los KPI sean entendidos y respaldados por todos los empleados como herramientas para alcanzar metas organizacionales más amplias.
2. **Comunicación Transparente**
   - **Descripción**: Establecer una comunicación abierta y constante sobre el uso y la importancia de los KPI en la organización.

- **Acciones**:
  - Implementar reuniones regulares donde se discutan los resultados de los KPI y se compartan insights y aprendizajes.
  - Utilizar medios de comunicación interna como intranet, boletines o correos electrónicos para mantener informados a los empleados sobre los avances relacionados con los KPI.

3. **Involucramiento de los Empleados**
   - **Descripción**: Fomentar la participación activa de los empleados en la definición, monitoreo y mejora de los KPI.
   - **Acciones**:
     - Capacitar a los empleados en la recolección y análisis de datos relevantes para los KPI que les conciernen directamente.
     - Establecer incentivos y reconocimientos para aquellos equipos o individuos que demuestren un compromiso excepcional con la mejora del desempeño basado en los KPI.

Integración en Procesos y Prácticas Cotidianas

1. **Incorporación en Procesos Operativos**
   - **Descripción**: Integrar los KPI en los procesos diarios y actividades operativas de la organización.

- **Acciones**:
  - Incorporar la medición de KPI en los sistemas de gestión existentes, como CRM (Customer Relationship Management) o ERP (Enterprise Resource Planning).
  - Establecer rutinas de revisión y análisis de KPI como parte integral de las operaciones regulares.
2. **Desarrollo de Capacidades y Competencias**
   - **Descripción**: Capacitar a los empleados en el uso efectivo de los KPI y en la interpretación de datos para la toma de decisiones informadas.
   - **Acciones**:
     - Ofrecer programas de formación y desarrollo profesional que enseñen a los empleados cómo utilizar y aplicar los KPI en su trabajo diario.
     - Facilitar el acceso a herramientas y recursos que ayuden a los empleados a comprender mejor los KPI y su impacto en la organización.

Fomento de la Mejora Continua

1. **Ciclo de Retroalimentación y Aprendizaje**
   - **Descripción**: Establecer un ciclo continuo de retroalimentación basado en los resultados de los KPI para impulsar la mejora continua.

- **Acciones**:
  - Implementar sistemas formales y estructurados de retroalimentación basados en los datos de los KPI.
  - Utilizar los resultados de los KPI para identificar áreas de mejora y oportunidades de optimización en los procesos y operaciones de la organización.
2. **Adaptabilidad y Flexibilidad**
   - **Descripción**: Ser flexible y adaptable para ajustar los KPI según las necesidades cambiantes del negocio y del mercado.
   - **Acciones**:
     - Revisar periódicamente la relevancia y efectividad de los KPI en relación con los objetivos estratégicos de la organización.
     - Estar preparado para modificar los KPI y los sistemas de medición en respuesta a cambios significativos en el entorno empresarial.

Beneficios de la Integración de KPI en la Cultura Organizacional

- **Mejora del Rendimiento y Productividad**: Alinear los esfuerzos organizacionales con metas claras y mensurables.
- **Fomento de la Transparencia y Responsabilidad**: Establecer un ambiente

donde los empleados entiendan cómo contribuyen a los resultados globales.
- **Facilitación de la Innovación y Mejora Continua**: Promover una mentalidad orientada hacia la mejora continua basada en datos y resultados medibles.

Parte 3: Gestión y Análisis de KPI

Capítulo 7: Monitorización y Evaluación de KPI

Herramientas para la Monitorización de KPI

La monitorización efectiva de los Indicadores Clave de Desempeño (KPI) es fundamental para evaluar el progreso hacia los objetivos organizacionales y tomar decisiones informadas. Este apartado explora diversas herramientas y tecnologías disponibles para facilitar la monitorización continua y el análisis de los KPI en las organizaciones.

Tipos de Herramientas para la Monitorización de KPI

1. **Tableros de Control y Dashboard**
    - **Descripción**: Interfaces visuales que muestran de manera clara y concisa el rendimiento de los KPI en tiempo real.
    - **Características**:
        - **Visualización Gráfica**: Representación gráfica de métricas clave y tendencias.
        - **Personalización**: Capacidad para personalizar los tableros

según las necesidades específicas de la organización.
- **Accesibilidad**: Disponibilidad en múltiples dispositivos y plataformas para acceso fácil y rápido.

2. **Software de Business Intelligence (BI)**
   - **Descripción**: Plataformas que permiten recopilar, analizar y presentar datos de los KPI de manera integrada.
   - **Características**:
     - **Análisis Avanzado**: Capacidades de análisis de datos para identificar patrones, correlaciones y insights.
     - **Generación de Informes**: Creación automática de informes personalizados y dashboards interactivos.
     - **Integración de Datos**: Conexión con múltiples fuentes de datos para una visión holística del desempeño organizacional.

3. **Sistemas de Gestión de Rendimiento Corporativo (CPM)**
   - **Descripción**: Herramientas diseñadas específicamente para la gestión y seguimiento de KPI en tiempo real.
   - **Características**:
     - **Automatización de Procesos**: Automatización de la recopilación y actualización de datos de KPI.
     - **Modelado Predictivo**: Capacidades para modelar

escenarios y prever resultados basados en datos históricos.
- **Alertas y Notificaciones**: Funcionalidades para establecer alertas cuando se alcanzan ciertos umbrales o condiciones.

4. **Herramientas Especializadas por Sector o Función**
   - **Descripción**: Software adaptado específicamente para industrias o áreas funcionales que tienen requisitos únicos de KPI.
   - **Ejemplos**:
     - *CRM (Customer Relationship Management)*: Para medir KPI relacionados con la satisfacción del cliente y ventas.
     - *ERP (Enterprise Resource Planning)*: Para gestionar KPI de eficiencia operativa y gestión de recursos.
     - *HRIS (Human Resources Information System)*: Para monitorizar KPI de recursos humanos como rotación de personal y desarrollo de talento.

Selección e Implementación de Herramientas

- **Evaluación de Necesidades**: Identificar los requisitos específicos de monitorización y análisis de KPI de la organización.
- **Pruebas y Demostraciones**: Realizar pruebas de diferentes herramientas para evaluar su usabilidad y capacidad de integración.

- **Capacitación y Soporte**: Asegurar que el personal esté capacitado para utilizar las herramientas de manera efectiva y que haya soporte disponible en caso de problemas.

Beneficios de Utilizar Herramientas de Monitorización de KPI

- **Mejora de la Visibilidad**: Facilitan una visión clara y en tiempo real del desempeño organizacional.
- **Toma de Decisiones Informadas**: Proporcionan datos precisos y actualizados para decisiones estratégicas y operativas.
- **Eficiencia Operativa**: Automatizan procesos de recopilación y análisis de datos, liberando tiempo para actividades de valor añadido.

Frecuencia de Revisión y Evaluación de KPI

La frecuencia con la que se revisan y evalúan los Indicadores Clave de Desempeño (KPI) es crucial para mantener el enfoque en los objetivos organizacionales y realizar ajustes oportunos. Este apartado explora la importancia de establecer una frecuencia adecuada para la revisión y evaluación de KPI, así como las mejores prácticas para asegurar que esta actividad contribuya efectivamente a la mejora continua y al logro de metas.

Determinación de la Frecuencia de Revisión

1. **Contexto Organizacional**
   - **Descripción**: Adaptar la frecuencia de revisión de los KPI según las necesidades y el ritmo de operación de la organización.
   - **Factores a Considerar**:
     - **Ciclo de Negocio**: Algunos KPI pueden requerir revisión diaria, semanal, mensual o trimestral, dependiendo de cómo se alineen con los ciclos operativos y financieros de la empresa.
     - **Importancia Estratégica**: KPI críticos pueden necesitar una revisión más frecuente para asegurar un seguimiento constante de los objetivos estratégicos.
     - **Naturaleza de los Datos**: KPI basados en datos en tiempo real pueden requerir una revisión continua, mientras que otros más históricos pueden evaluarse menos frecuentemente.
2. **Objetivos y Prioridades**
   - **Descripción**: Establecer la frecuencia de revisión en función de los objetivos específicos que se quieran lograr con los KPI.
   - **Acciones**:
     - Definir claramente qué se espera alcanzar con cada KPI y

cómo la frecuencia de revisión contribuirá a esos objetivos.
- Priorizar los KPI que tienen un impacto directo en los resultados empresariales y asignarles una frecuencia de revisión correspondiente.

Mejores Prácticas para la Revisión de KPI

1. **Regularidad y Consistencia**
   - **Descripción**: Mantener una programación predefinida y consistente para la revisión de los KPI.
   - **Acciones**:
     - Establecer calendarios claros y comunicarlos a todos los implicados para asegurar la participación y seguimiento adecuado.
     - Respetar las fechas y horarios establecidos para las revisiones para evitar retrasos y mantener la disciplina en la monitorización de KPI.
2. **Flexibilidad y Adaptabilidad**
   - **Descripción**: Ser flexible para ajustar la frecuencia de revisión según las necesidades y cambios en el entorno empresarial.
   - **Acciones**:
     - Revisar y ajustar la frecuencia de revisión de KPI cuando surjan cambios significativos en el mercado, la competencia o las condiciones internas.

- Mantener una comunicación abierta para identificar oportunidades de mejora en la programación de revisión de KPI.

Impacto de una Revisión Frecuente y Efectiva de KPI

- **Toma de Decisiones Ágil**: Facilita la capacidad de responder rápidamente a las tendencias y cambios detectados a través de los KPI.
- **Mejora Continua**: Permite identificar áreas de mejora de manera oportuna y realizar ajustes necesarios para optimizar el rendimiento.
- **Transparencia y Responsabilidad**: Promueve una cultura de transparencia al mantener a todos los interesados informados sobre el progreso hacia los objetivos.

Interpretación de Resultados y Ajuste de Estrategias

La interpretación adecuada de los resultados de los Indicadores Clave de Desempeño (KPI) es fundamental para tomar decisiones informadas y ajustar estrategias empresariales de manera efectiva. Este apartado explora cómo las organizaciones pueden interpretar los resultados de los KPI y utilizar esta información para mejorar el rendimiento y alcanzar sus objetivos estratégicos.

Proceso de Interpretación de Resultados

1. **Análisis de Tendencias y Patrones**
   - **Descripción**: Identificar y comprender las tendencias y patrones emergentes en los datos de los KPI.
   - **Acciones**:
     - Comparar los resultados actuales con datos históricos para evaluar la dirección y velocidad del progreso.
     - Utilizar técnicas de análisis estadístico para identificar patrones significativos que puedan indicar áreas de fuerza o debilidad.
2. **Benchmarking y Comparación**
   - **Descripción**: Comparar el rendimiento actual con estándares internos, metas preestablecidas o benchmarks externos.
   - **Acciones**:
     - Establecer puntos de referencia claros y objetivos para evaluar el rendimiento de los KPI.
     - Analizar las variaciones entre el desempeño actual y los estándares establecidos para identificar áreas que requieren atención o mejora.
3. **Identificación de Causas Raíz**
   - **Descripción**: Investigar las causas subyacentes de los resultados observados en los KPI, tanto positivos como negativos.
   - **Acciones**:

- Realizar análisis de causa raíz para entender por qué ciertos KPI muestran ciertos resultados.
- Colaborar con equipos relevantes para abordar problemas subyacentes que puedan estar afectando el desempeño.

Ajuste de Estrategias y Acciones Correctivas

1. **Revisión y Actualización de Objetivos**
   - **Descripción**: Modificar objetivos estratégicos y operativos en función de los insights obtenidos de los KPI.
   - **Acciones**:
     - Ajustar metas y objetivos a corto y largo plazo para alinearlos con los resultados de los KPI.
     - Comunicar claramente los cambios en los objetivos para mantener a todos los equipos alineados y motivados.
2. **Implementación de Acciones Correctivas**
   - **Descripción**: Desarrollar e implementar planes de acción para abordar áreas de bajo rendimiento identificadas por los KPI.
   - **Acciones**:
     - Asignar recursos y responsabilidades específicas para la ejecución de acciones correctivas.

- Establecer un cronograma claro y monitorear el progreso para asegurar la efectividad de las medidas correctivas.

Beneficios de la Interpretación y Ajuste de Estrategias

- **Agilidad y Adaptabilidad**: Permite a las organizaciones responder rápidamente a cambios en el entorno empresarial.
- **Optimización de Recursos**: Utiliza eficientemente los recursos al enfocarse en áreas que necesitan mejoras.
- **Mejora Continua**: Impulsa una cultura de mejora continua al aprender de los resultados de los KPI y ajustar las estrategias en consecuencia.

Capítulo 8: Análisis de Datos y Toma de Decisiones

Técnicas de Análisis de Datos de Desempeño

El análisis de datos de desempeño es fundamental para extraer insights significativos de los Indicadores Clave de Desempeño (KPI) y facilitar la toma de decisiones informadas en las organizaciones. Este apartado explora diversas técnicas y enfoques analíticos que pueden aplicarse para interpretar datos de KPI de manera efectiva y estratégica.

Tipos de Técnicas de Análisis de Datos de Desempeño

1. **Análisis Descriptivo**
   - **Descripción**: Describe y resume los datos de los KPI de manera objetiva y concisa.
   - **Acciones**:
     - Utilizar medidas de tendencia central (como promedio, mediana, moda) y medidas de dispersión (como desviación estándar, rango) para entender la distribución y variabilidad de los datos.
     - Crear gráficos y visualizaciones (como histogramas, gráficos de

barras, diagramas de caja) para representar visualmente los datos y detectar patrones o anomalías.
2. **Análisis Comparativo**
    - **Descripción**: Compara el desempeño actual con períodos anteriores, objetivos establecidos o benchmarks externos.
    - **Acciones**:
        - Realizar análisis de varianza (ANOVA) para determinar las diferencias significativas entre grupos de datos.
        - Utilizar técnicas de comparación como gráficos de líneas o tablas comparativas para visualizar y entender las diferencias y similitudes en el desempeño a lo largo del tiempo o entre diferentes unidades de negocio.
3. **Análisis Predictivo**
    - **Descripción**: Utiliza modelos estadísticos y técnicas de minería de datos para predecir tendencias futuras basadas en datos históricos de KPI.
    - **Acciones**:
        - Aplicar técnicas de regresión para identificar relaciones causales entre variables y prever cómo los cambios en una variable pueden afectar otras.
        - Emplear técnicas de series temporales para pronosticar el

comportamiento futuro de los KPI en función de patrones pasados y estacionales.
4. **Análisis Correlacional**
    o **Descripción**: Examina las relaciones y correlaciones entre diferentes variables de KPI para entender cómo se influyen mutuamente.
    o **Acciones**:
        - Calcular coeficientes de correlación (como Pearson, Spearman) para determinar la fuerza y dirección de la relación entre dos variables.
        - Realizar análisis de matriz de correlación para visualizar las interacciones entre múltiples variables de KPI y identificar patrones subyacentes.

Implementación de Técnicas de Análisis de Datos

- **Selección de la Técnica Adecuada**: Elegir la técnica de análisis más adecuada según el tipo de datos disponibles y los objetivos del análisis.
- **Interpretación de Resultados**: Comprender y comunicar los insights derivados del análisis de datos de KPI de manera clara y relevante para la toma de decisiones.
- **Validación y Verificación**: Verificar la precisión y fiabilidad de los resultados obtenidos a través de técnicas de análisis mediante pruebas y validaciones adicionales.

Beneficios del Análisis de Datos de Desempeño

- **Mejora de la Precisión en la Toma de Decisiones**: Basar las decisiones en datos sólidos y análisis rigurosos.
- **Optimización de Recursos**: Identificar oportunidades de mejora y eficiencia a través de insights derivados de los datos de KPI.
- **Innovación y Adaptabilidad**: Estar preparado para cambios y oportunidades en el mercado mediante la anticipación de tendencias futuras a través del análisis predictivo.

Visualización de Datos y Creación de Informes

La visualización de datos y la creación de informes juegan un papel crucial en el análisis de los Indicadores Clave de Desempeño (KPI), permitiendo a las organizaciones comunicar insights complejos de manera efectiva y facilitar la toma de decisiones informadas. Este apartado explora diversas técnicas y mejores prácticas para la visualización de datos y la creación de informes que maximicen la comprensión y utilidad de los datos de KPI.

Importancia de la Visualización de Datos

1. **Comunicación Eficaz de Insights**
   - **Descripción**: Transformar datos numéricos y complejos en

representaciones visuales claras y comprensibles.
- **Acciones**:
  - Utilizar gráficos (como gráficos de barras, líneas, áreas, y dispersión) para mostrar tendencias, comparaciones y distribuciones de datos.
  - Emplear mapas de calor y diagramas de árbol para revelar patrones y relaciones ocultas en conjuntos de datos complejos.

2. **Facilitación de la Toma de Decisiones**
   - **Descripción**: Proporcionar a los tomadores de decisiones información visual que les permita evaluar rápidamente el desempeño y identificar áreas críticas para la acción.
   - **Acciones**:
     - Crear tableros de control interactivos que permitan a los usuarios explorar datos específicos y realizar análisis ad hoc.
     - Incorporar filtros y opciones de personalización en los informes para adaptarse a las necesidades individuales y roles dentro de la organización.

Mejores Prácticas en Visualización de Datos

1. **Simplicidad y Claridad**
   - **Descripción**: Evitar la sobrecarga de información y centrarse en transmitir mensajes claros y concisos.

- **Acciones**:
  - Utilizar colores y etiquetas consistentes para facilitar la interpretación y la comparación de datos.
  - Minimizar la cantidad de elementos visuales innecesarios que puedan distraer la atención del mensaje principal.

2. **Contextualización y Relevancia**
   - **Descripción**: Asegurar que los gráficos y visualizaciones estén alineados con los objetivos y el contexto específico del análisis.
   - **Acciones**:
     - Incluir títulos descriptivos y etiquetas claras que expliquen el significado y el contexto de los datos presentados.
     - Proporcionar anotaciones y notas explicativas para guiar a los lectores a través de las interpretaciones clave y conclusiones derivadas de los datos.

Creación de Informes para la Toma de Decisiones

1. **Estructura y Contenido**
   - **Descripción**: Organizar informes de manera lógica y estructurada para facilitar la comprensión y la acción.
   - **Acciones**:
     - Incluir un resumen ejecutivo al inicio del informe que destaque

los puntos clave y recomendaciones.
- Dividir el informe en secciones claramente definidas (como introducción, metodología, resultados, conclusiones, recomendaciones) para una navegación fácil.

2. **Automatización y Actualización**
   - **Descripción**: Utilizar herramientas y plataformas que permitan la generación automática y la actualización periódica de informes de KPI.
   - **Acciones**:
     - Implementar software de Business Intelligence (BI) que pueda programar la generación automática de informes basados en datos en tiempo real.
     - Establecer flujos de trabajo para la revisión y aprobación de informes antes de su distribución a los interesados clave.

Beneficios de la Visualización de Datos y Creación de Informes

- **Claridad y Transparencia**: Facilita la comunicación efectiva y transparente de insights derivados de los KPI.
- **Decisiones Informadas**: Empodera a los tomadores de decisiones con información visual que respalda la toma de decisiones estratégicas y operativas.

- **Eficiencia Operativa**: Optimiza el tiempo y los recursos al automatizar la creación y distribución de informes de KPI.

Uso de KPI para la Toma de Decisiones Informadas

Los Indicadores Clave de Desempeño (KPI) son herramientas fundamentales para la toma de decisiones informadas en las organizaciones, proporcionando métricas objetivas y cuantificables que guían la evaluación del rendimiento y la orientación estratégica. Este apartado explora cómo las empresas pueden utilizar eficazmente los KPI para mejorar la toma de decisiones en todos los niveles organizativos.

Importancia de los KPI en la Toma de Decisiones

1. **Orientación Estratégica**
   - **Descripción**: Los KPI alinean las actividades y objetivos operativos con la visión estratégica de la organización.
   - **Acciones**:
     - Definir KPI que reflejen los objetivos clave de la empresa y asegurar que estén alineados con la estrategia organizacional.
     - Utilizar KPI para evaluar el progreso hacia metas

estratégicas y ajustar la dirección según sea necesario.
2. **Evaluación de Rendimiento**
    - **Descripción**: Los KPI proporcionan una medida objetiva del rendimiento actual y pasado de la organización.
    - **Acciones**:
        - Monitorear regularmente los KPI para identificar áreas de fortaleza y debilidad en el desempeño organizacional.
        - Comparar el rendimiento actual con estándares internos, benchmarks externos y metas previamente establecidas para evaluar el éxito.

Utilización de KPI en la Toma de Decisiones

1. **Análisis Predictivo y Proactivo**
    - **Descripción**: Utilizar datos históricos de KPI y análisis predictivo para anticipar tendencias futuras y tomar decisiones proactivas.
    - **Acciones**:
        - Aplicar modelos estadísticos y técnicas de minería de datos para prever escenarios futuros y preparar estrategias anticipadas.
        - Aprovechar los KPI de alerta temprana para identificar problemas potenciales antes de que afecten significativamente el rendimiento.
2. **Priorización y Asignación de Recursos**

- **Descripción**: Utilizar KPI para asignar recursos de manera eficiente y priorizar iniciativas estratégicas.
- **Acciones**:
  - Basar decisiones de asignación de presupuesto y personal en el análisis de KPI que identifique áreas críticas que requieren inversión o mejora.
  - Alinear la asignación de recursos con los KPI de alto impacto y rendimiento para maximizar el retorno de la inversión (ROI).

Beneficios del Uso de KPI en la Toma de Decisiones

- **Decisiones Basadas en Datos**: Facilita la toma de decisiones fundamentadas en datos objetivos y verificables en lugar de suposiciones o intuiciones.
- **Agilidad y Adaptabilidad**: Permite a las organizaciones responder rápidamente a cambios en el entorno operativo y competitivo.
- **Transparencia y Responsabilidad**: Promueve una cultura organizacional basada en resultados medibles y rendición de cuentas.

Capítulo 9: Feedback y Retroalimentación Basada en KPI

Estrategias para Proporcionar Feedback Efectivo

El feedback efectivo es crucial para el éxito de cualquier sistema de Indicadores Clave de Desempeño (KPI), ya que proporciona a los empleados y equipos la información necesaria para mejorar continuamente su rendimiento y alinear sus acciones con los objetivos organizacionales. Este apartado explora diversas estrategias y mejores prácticas para ofrecer retroalimentación constructiva y significativa basada en los KPI.

Importancia del Feedback Efectivo

1. **Mejora Continua**
    - **Descripción**: El feedback efectivo impulsa la mejora continua al identificar áreas de oportunidad y proporcionar orientación para el desarrollo personal y profesional.
    - **Acciones**:
        - Fomentar una cultura organizacional que valore y promueva la retroalimentación como parte integral del proceso de crecimiento.
        - Utilizar KPI específicos y datos objetivos para fundamentar el

feedback, aumentando su credibilidad y relevancia.
2. **Compromiso y Motivación**
   o **Descripción**: Proporcionar feedback constructivo aumenta el compromiso de los empleados al reconocer sus contribuciones y alentar el progreso hacia metas compartidas.
   o **Acciones**:
      - Celebrar los logros alcanzados según los KPI establecidos, reforzando comportamientos y resultados positivos.
      - Ofrecer orientación personalizada para abordar áreas de mejora identificadas a través de los KPI, apoyando el desarrollo individual y el crecimiento profesional.

Estrategias para Proporcionar Feedback Efectivo

1. **Claridad y Especificidad**
   o **Descripción**: Ser claro y específico al comunicar el feedback para garantizar que los destinatarios comprendan completamente los puntos destacados y las áreas de mejora.
   o **Acciones**:
      - Utilizar ejemplos concretos y datos de KPI para respaldar el feedback proporcionado, haciendo referencia a métricas específicas y resultados observados.

- Evitar generalizaciones y asegurarse de que el feedback esté alineado con los objetivos y expectativas organizacionales.
2. **Orientación Constructiva**
    - **Descripción**: Enfocarse en proporcionar sugerencias y recomendaciones claras para la mejora, en lugar de simplemente señalar deficiencias.
    - **Acciones**:
        - Proporcionar alternativas y soluciones prácticas basadas en los datos de KPI, orientando a los empleados hacia acciones concretas que puedan implementar.
        - Fomentar un diálogo abierto y colaborativo donde los empleados puedan plantear preguntas y discutir estrategias para abordar las áreas de oportunidad identificadas.
3. **Frecuencia y Consistencia**
    - **Descripción**: Establecer un sistema regular y consistente de feedback para mantener una retroalimentación continua y adaptativa.
    - **Acciones**:
        - Programar revisiones periódicas basadas en los ciclos de revisión de KPI para evaluar el progreso y ajustar las estrategias según sea necesario.

- Incorporar feedback informal y espontáneo cuando sea apropiado, fortaleciendo la retroalimentación como un proceso fluido y dinámico dentro de la organización.

Beneficios del Feedback Efectivo

- **Desarrollo Personal y Profesional**: Facilita el crecimiento individual y el desarrollo de habilidades a través de una retroalimentación enfocada y constructiva.
- **Incremento de la Productividad**: Mejora el rendimiento y la eficiencia al alinear las acciones individuales y de equipo con los objetivos organizacionales.
- **Cultura de Colaboración y Mejora Continua**: Promueve una cultura organizacional de aprendizaje y mejora continua, impulsada por la retroalimentación basada en datos objetivos.

Integración del Feedback en el Ciclo de Mejora Continua

La integración del feedback en el ciclo de mejora continua es fundamental para maximizar el impacto de los Indicadores Clave de Desempeño (KPI) en el desarrollo organizacional. Este apartado explora cómo las organizaciones pueden aprovechar el feedback basado en KPI para impulsar la innovación, la eficiencia y la excelencia operativa dentro de un marco de mejora continua.

Importancia de la Integración del Feedback en la Mejora Continua

1. **Ciclo de Retroalimentación**
   - **Descripción**: El feedback basado en KPI alimenta un ciclo continuo de evaluación, acción y mejora en todos los niveles organizativos.
   - **Acciones**:
     - Establecer procesos estructurados para recopilar, analizar y actuar sobre el feedback derivado de los KPI.
     - Integrar el feedback en los sistemas existentes de gestión de la calidad y mejora continua, como Kaizen o Six Sigma, para optimizar procesos y resultados.
2. **Aprendizaje Organizacional**
   - **Descripción**: La integración del feedback fomenta un ambiente de aprendizaje organizacional donde se promueve la reflexión y la adaptación constante.
   - **Acciones**:
     - Facilitar sesiones de retroalimentación y análisis post-implementación para extraer lecciones clave de los éxitos y desafíos identificados a través de los KPI.

- Promover la colaboración entre equipos y departamentos para compartir experiencias y mejores prácticas derivadas del análisis de KPI y feedback.

Estrategias para Integrar el Feedback en el Ciclo de Mejora Continua

1. **Análisis de Causa Raíz**
   - **Descripción**: Utilizar el feedback basado en KPI para identificar las causas subyacentes de los problemas y desafíos organizacionales.
   - **Acciones**:
     - Aplicar técnicas como el análisis de Pareto y los diagramas de causa-efecto (Ishikawa) para visualizar y abordar las causas fundamentales identificadas a través de los KPI.
     - Establecer equipos multifuncionales para investigar y resolver problemas específicos identificados por los KPI, asegurando una solución efectiva y sostenible.
2. **Iteración y Mejora Incremental**
   - **Descripción**: Utilizar el feedback continuo para realizar ajustes y mejoras incrementales en los procesos y prácticas organizacionales.
   - **Acciones**:
     - Implementar ciclos cortos de retroalimentación y ajuste

basados en datos de KPI para adaptarse rápidamente a cambios en el mercado o en las condiciones operativas.
- Fomentar una cultura de experimentación controlada y aprendizaje rápido, donde los errores se ven como oportunidades para mejorar y crecer.

Beneficios de la Integración del Feedback en la Mejora Continua

- **Innovación y Adaptabilidad**: Permite a las organizaciones responder ágilmente a cambios y oportunidades mediante la aplicación de insights derivados del feedback basado en KPI.
- **Eficiencia Operativa**: Optimiza procesos y recursos al identificar y corregir problemas de manera proactiva.
- **Compromiso y Desarrollo del Personal**: Fomenta un ambiente de trabajo colaborativo y de aprendizaje, impulsando el desarrollo profesional y la satisfacción laboral.

Técnicas para Entregar una Retroalimentación Efectiva

La entrega de retroalimentación efectiva es esencial para el desarrollo y la mejora continua en cualquier organización. Cuando se basa en Indicadores Clave de Desempeño (KPI), la retroalimentación no solo se convierte en un proceso de evaluación, sino también en una herramienta poderosa para guiar el comportamiento y la toma de decisiones estratégicas. Este apartado explora técnicas específicas para entregar retroalimentación efectiva basada en KPI.

Importancia de la Retroalimentación Efectiva

1. **Claridad y Objetividad**
   o **Descripción**: La retroalimentación clara y objetiva proporciona a los empleados una comprensión precisa de su desempeño en relación con los objetivos y estándares organizacionales.
   o **Acciones**:
     - Utilizar datos y métricas específicas de KPI para respaldar el feedback, proporcionando ejemplos concretos de logros y áreas de mejora.
     - Evitar juicios personales y centrarse en comportamientos observables y resultados medibles.
2. **Motivación y Compromiso**
   o **Descripción**: La retroalimentación efectiva motiva a los empleados al reconocer sus logros y ofrecer orientación para mejorar su rendimiento.
   o **Acciones**:

- Equilibrar comentarios positivos y constructivos para mantener la motivación y el compromiso.
- Alinear el feedback con los intereses y objetivos individuales, demostrando cómo la mejora del desempeño contribuye al éxito personal y organizacional.

Técnicas para Entregar Retroalimentación Efectiva

1. **Estructura de la Retroalimentación**
   - **Descripción**: Organizar el feedback de manera estructurada para facilitar la comprensión y la acción.
   - **Acciones**:
     - Comenzar con aspectos positivos y logros destacados basados en los KPI, estableciendo una base positiva para la discusión.
     - Identificar áreas específicas de mejora utilizando datos de KPI, proporcionando ejemplos y detalles claros para respaldar cada punto.
2. **Enfoque en el Comportamiento y los Resultados**
   - **Descripción**: Centrarse en comportamientos y resultados observables en lugar de atributos personales.
   - **Acciones**:

- Describir cómo ciertos comportamientos y acciones contribuyen (o no) al logro de los KPI establecidos.
- Proporcionar sugerencias concretas para mejorar el desempeño basado en los datos de KPI, destacando acciones específicas que pueden llevarse a cabo.

3. **Escucha Activa y Diálogo Constructivo**
    - **Descripción**: Fomentar un intercambio abierto y colaborativo durante la retroalimentación.
    - **Acciones**:
        - Practicar la escucha activa para comprender las perspectivas y preocupaciones del receptor del feedback.
        - Invitar a los empleados a compartir sus propias percepciones y planes de acción para abordar áreas de mejora identificadas.

Beneficios de Entregar Retroalimentación Efectiva

- **Mejora del Desempeño**: Facilita el desarrollo de habilidades y competencias necesarias para alcanzar los objetivos organizacionales.
- **Fortalecimiento de la Relación**: Construye relaciones de confianza y colaboración entre los líderes y los empleados.
- **Cultura de Mejora Continua**: Promueve una cultura organizacional de aprendizaje y

crecimiento constante, basada en la retroalimentación informada por datos de KPI.

Parte 4: Mejora Continua y Ajuste de KPI

Capítulo 10: Mejora Continua y Productividad

Principios de Mejora Continua (Kaizen, Lean, Six Sigma)

La mejora continua es un proceso fundamental para optimizar la eficiencia, la calidad y la competitividad en las organizaciones. Este capítulo se centra en los principios clave de tres metodologías reconocidas mundialmente: Kaizen, Lean y Six Sigma, que son fundamentales para impulsar la mejora continua basada en datos y resultados medibles.

Importancia de los Principios de Mejora Continua

1. **Optimización de Procesos**
   - **Descripción**: Los principios de mejora continua proporcionan marcos estructurados para identificar, analizar y mejorar continuamente los procesos organizacionales.
   - **Acciones**:
     - Implementar prácticas sistemáticas que permitan a las organizaciones operar de

manera más eficiente y rentable.
- Fomentar una cultura de innovación y adaptabilidad en respuesta a cambios en el mercado y las necesidades del cliente.

2. **Enfoque en la Calidad y la Reducción de Desperdicios**
    - **Descripción**: Kaizen, Lean y Six Sigma se centran en la eliminación de desperdicios y la mejora continua de la calidad para satisfacer las expectativas del cliente.
    - **Acciones**:
        - Aplicar técnicas como el análisis de valor agregado y el control estadístico de procesos para reducir variabilidad y mejorar la consistencia del producto o servicio.
        - Establecer estándares de calidad que aseguren la entrega de productos y servicios que cumplan o superen las expectativas del cliente.

Principios Clave de Kaizen, Lean y Six Sigma

1. **Kaizen**
    - **Filosofía**: Kaizen, que significa "cambio bueno" en japonés, se centra en la mejora continua a través de pequeños cambios incrementales realizados de manera constante por todos los empleados.

- **Acciones**:
  - Promover la participación activa de todos los niveles organizativos en la identificación y solución de problemas.
  - Implementar mejoras basadas en datos y evidencia, buscando siempre la eficiencia y la eliminación de desperdicios.

2. **Lean**
   - **Filosofía**: El Lean se centra en la maximización del valor para el cliente al eliminar desperdicios y optimizar el flujo de trabajo.
   - **Acciones**:
     - Aplicar herramientas como el mapeo de flujo de valor (Value Stream Mapping) para identificar y eliminar actividades que no agregan valor.
     - Promover una cultura de mejora continua mediante la estandarización de procesos y la capacitación de empleados en métodos Lean.

3. **Six Sigma**
   - **Filosofía**: Six Sigma se enfoca en la mejora de la calidad mediante la reducción de la variabilidad en los procesos, buscando alcanzar niveles de calidad casi perfectos.
   - **Acciones**:
     - Utilizar metodologías estadísticas y de análisis de

datos para medir y mejorar la capacidad de los procesos.
- Definir, medir, analizar, mejorar y controlar (DMAIC) son los pasos clave del ciclo Six Sigma para lograr mejoras sustanciales y sostenibles.

Implementación de los Principios en la Organización

- **Cultura Organizacional**: Fomentar una cultura de mejora continua donde todos los empleados contribuyan activamente a la identificación y solución de problemas.
- **Formación y Capacitación**: Capacitar a los empleados en las metodologías Kaizen, Lean y Six Sigma para asegurar una implementación efectiva y consistente.
- **Monitoreo y Evaluación**: Establecer sistemas de medición y análisis para evaluar el impacto de las mejoras implementadas y realizar ajustes según sea necesario.

Beneficios de la Aplicación de los Principios de Mejora Continua

- **Mejora de la Eficiencia**: Optimización de procesos y reducción de costos operativos.
- **Mejora de la Calidad**: Aumento en la satisfacción del cliente y reducción de defectos.
- **Innovación y Adaptabilidad**: Capacidad de responder rápidamente a cambios en el mercado y las necesidades del cliente.

Aplicación de Técnicas de Mejora Continua para Aumentar la Productividad

La mejora continua es un enfoque sistemático para identificar oportunidades de mejora y realizar cambios incrementales y consistentes en los procesos y operaciones de una organización. Aplicar técnicas de mejora continua no solo ayuda a aumentar la eficiencia y la calidad, sino también a optimizar recursos y reducir costos. Aquí se destacan algunas técnicas clave:

1. Kaizen

Kaizen, que significa "mejora continua" en japonés, se centra en la implementación de pequeños cambios en los procesos y actividades diarias para mejorar continuamente el rendimiento. Las características de Kaizen incluyen:

- **Participación de todos los empleados**: Involucrar a todos los niveles de la organización en la identificación de problemas y generación de soluciones.
- **Enfoque en la simplicidad**: Priorizar cambios simples y de bajo costo que pueden implementarse rápidamente.
- **Ciclo PDCA (Planificar, Hacer, Verificar, Actuar)**: Utilizar este ciclo para implementar y evaluar cambios de manera iterativa.

Ejemplo: En un centro de distribución, los empleados podrían aplicar Kaizen para reducir el tiempo de empaquetado de productos mediante la reorganización del espacio de trabajo y la optimización de la disposición de los productos.

2. Lean

Lean se enfoca en la eliminación de desperdicios (muda) en los procesos para mejorar la eficiencia y la calidad. Los principios clave de Lean incluyen:

- **Valor para el cliente**: Identificar qué actividades agregan valor y eliminar las que no lo hacen.
- **Flujo de valor**: Mapear y optimizar los flujos de trabajo para minimizar el tiempo de espera y las actividades sin valor agregado.
- **Mejora continua**: Promover una cultura de mejora continua mediante la estandarización de procesos y la participación activa de los empleados.

Ejemplo: En una línea de ensamblaje, Lean podría aplicarse para reducir el tiempo de ciclo mediante la eliminación de movimientos innecesarios y la implementación de estaciones de trabajo ergonómicas.

3. Six Sigma

Six Sigma se centra en la reducción de la variabilidad en los procesos para mejorar la calidad y la consistencia. Los elementos clave de Six Sigma incluyen:

- **Metodología DMAIC (Definir, Medir, Analizar, Mejorar, Controlar)**: Utilizar este enfoque estructurado para identificar

problemas, implementar soluciones y monitorear resultados.
- **Enfoque en datos y métricas**: Utilizar análisis estadísticos para comprender las causas raíz y tomar decisiones basadas en datos.
- **Compromiso con la mejora continua**: Establecer metas de rendimiento basadas en las expectativas del cliente y las capacidades operativas.

Ejemplo: En un proceso de servicio al cliente, Six Sigma podría aplicarse para reducir el número de errores en las órdenes de servicio mediante el análisis detallado de datos y la implementación de controles de calidad.

Beneficios de la Aplicación de Técnicas de Mejora Continua

- **Aumento de la productividad**: Mejora la eficiencia operativa y reduce el tiempo de ciclo de los procesos.
- **Reducción de costos**: Minimiza el desperdicio y optimiza el uso de recursos.
- **Mejora de la calidad**: Incrementa la consistencia y reduce los defectos en los productos y servicios.
- **Cultura organizacional positiva**: Fomenta la innovación, el compromiso de los empleados y la adaptabilidad frente al cambio.

Desafíos y Consideraciones

- **Cambio cultural**: Requiere un cambio de mentalidad hacia la mejora continua y la aceptación del riesgo.
- **Capacitación y recursos**: Necesidad de formación en técnicas específicas y dedicación de recursos para implementar cambios efectivos.
- **Sostenibilidad**: Garantizar que las mejoras implementadas sean sostenibles a largo plazo mediante la monitorización y el ajuste continuo.

Revisión y Ajuste Periódico de KPI

La revisión y ajuste periódico de los Indicadores Clave de Desempeño (KPI) es crucial para asegurar que una organización mantenga su enfoque en los objetivos estratégicos y optimice su rendimiento a lo largo del tiempo. En este apartado, exploraremos la importancia de esta práctica y cómo las organizaciones pueden implementar procesos efectivos para revisar y ajustar sus KPI de manera periódica.

Importancia de la Revisión y Ajuste de KPI

1. **Adaptación a Cambios**
   - **Descripción**: Los entornos empresariales están en constante cambio, por lo que es fundamental

revisar y ajustar los KPI para alinearse con las nuevas condiciones y prioridades organizacionales.
- **Acciones**:
  - Identificar tendencias emergentes y cambios en el mercado que puedan afectar los objetivos y prioridades de la organización.
  - Ajustar los KPI para reflejar cambios estratégicos y asegurar que sigan siendo relevantes y alineados con los objetivos empresariales.

2. **Mejora Continua**
   - **Descripción**: La revisión periódica de los KPI permite identificar áreas de mejora y oportunidades para optimizar el desempeño organizacional.
   - **Acciones**:
     - Analizar regularmente los resultados de los KPI para identificar áreas de bajo rendimiento o desviaciones respecto a las metas establecidas.
     - Implementar ajustes y mejoras basados en datos para optimizar la eficiencia y efectividad de los procesos empresariales.

Proceso de Revisión y Ajuste Periódico de KPI

1. **Establecimiento de Frecuencia y Proceso**
   - **Implementación**: Definir la frecuencia con la que se revisarán y ajustarán los

KPI, dependiendo de la velocidad de cambio en el entorno empresarial.
- **Acciones**:
  - Programar reuniones periódicas o revisiones trimestrales para evaluar el rendimiento de los KPI y discutir posibles ajustes.
  - Designar responsables y establecer un proceso claro para la recolección, análisis y presentación de datos de KPI durante las revisiones.

2. **Análisis de Tendencias y Datos**
   - **Implementación**: Utilizar análisis de datos para identificar tendencias y patrones en el rendimiento de los KPI.
   - **Acciones**:
     - Comparar los resultados actuales de los KPI con los períodos anteriores para evaluar el progreso y detectar áreas de preocupación.
     - Utilizar herramientas de visualización de datos para presentar información de manera clara y comprensible durante las revisiones.

3. **Ajuste Estratégico y Comunicación**
   - **Implementación**: Ajustar los KPI según sea necesario para alinearlos con las prioridades estratégicas y objetivos organizacionales.
   - **Acciones**:
     - Revisar y ajustar los KPI para reflejar cambios en la estrategia empresarial, asegurando que

estén alineados con las metas a corto y largo plazo.
- Comunicar los cambios a todas las partes interesadas relevantes y asegurar el entendimiento común de los nuevos objetivos y expectativas.

Beneficios de la Revisión y Ajuste Periódico de KPI

- **Flexibilidad y Adaptabilidad**: Permite a la organización adaptarse rápidamente a cambios en el mercado y nuevas oportunidades.
- **Mejora Continua**: Facilita la identificación y corrección de áreas de bajo rendimiento para optimizar el desempeño general.
- **Transparencia y Responsabilidad**: Promueve una cultura de transparencia y responsabilidad al mantener a todos los niveles organizativos informados sobre el progreso y los resultados.

Capítulo 11: Innovación y Tecnología en la Gestión de KPI

Impacto de la Tecnología en la Gestión de KPI

La tecnología desempeña un papel crucial en la gestión efectiva de los Indicadores Clave de Desempeño (KPI), permitiendo a las organizaciones recopilar, analizar y visualizar datos de manera más eficiente y precisa. En este apartado, exploraremos cómo la tecnología ha transformado la gestión de KPI, mejorando la capacidad de las organizaciones para medir el rendimiento, tomar decisiones informadas y adaptarse rápidamente a los cambios del mercado.

Importancia de la Tecnología en la Gestión de KPI

1. **Automatización de la Recopilación de Datos**
    - **Descripción**: Las herramientas tecnológicas permiten recopilar datos de múltiples fuentes de manera automatizada y en tiempo real.
    - **Acciones**:
        - Implementar sistemas de gestión empresarial integrados (ERP) que capturan datos operativos y financieros automáticamente.
        - Utilizar software de Business Intelligence (BI) para

consolidar y analizar datos de KPI de manera eficiente.
2. **Análisis Avanzado y Visualización de Datos**
   - **Descripción**: La tecnología facilita el análisis avanzado de datos y la visualización de KPI en formatos comprensibles.
   - **Acciones**:
     - Aplicar técnicas de análisis predictivo y modelado de datos para identificar patrones y tendencias ocultas en los datos de KPI.
     - Utilizar dashboards interactivos y herramientas de visualización para presentar información de manera clara y accesible.
3. **Acceso Remoto y Colaboración**
   - **Descripción**: Las plataformas tecnológicas permiten el acceso remoto a los datos de KPI y facilitan la colaboración entre equipos dispersos geográficamente.
   - **Acciones**:
     - Implementar soluciones en la nube que permitan a los usuarios acceder a los KPI desde cualquier ubicación y dispositivo.
     - Utilizar herramientas de colaboración en línea para discutir y compartir análisis de KPI en tiempo real.

Innovaciones Tecnológicas en la Gestión de KPI

1. **Inteligencia Artificial (IA) y Machine Learning**
   - **Implementación**: Utilizar IA y Machine Learning para mejorar la precisión del pronóstico y la toma de decisiones basadas en datos.
   - **Acciones**:
     - Implementar algoritmos de Machine Learning para predecir resultados futuros y identificar oportunidades de mejora.
     - Utilizar chatbots y asistentes virtuales para proporcionar insights rápidos y personalizados sobre el desempeño de los KPI.
2. **Internet de las Cosas (IoT)**
   - **Implementación**: Utilizar sensores y dispositivos conectados para recopilar datos en tiempo real sobre el rendimiento operativo.
   - **Acciones**:
     - Integrar datos del IoT con los sistemas de gestión de KPI para monitorear el rendimiento en tiempo real y optimizar la eficiencia de los activos.
     - Utilizar análisis de IoT para identificar áreas de mejora y reducir costos operativos.
3. **Blockchain**
   - **Implementación**: Utilizar tecnología blockchain para garantizar la

integridad y la transparencia de los datos de KPI.
- **Acciones**:
  - Implementar registros distribuidos para mantener un historial seguro y verificable de los datos de KPI.
  - Utilizar contratos inteligentes para automatizar la ejecución de acuerdos basados en el cumplimiento de los KPI.

Herramientas y Software para la Gestión de KPI

Plataformas de Business Intelligence (BI)

Las plataformas de Business Intelligence son fundamentales para la gestión de KPI, ya que permiten a las organizaciones recopilar datos de múltiples fuentes, realizar análisis complejos y generar informes interactivos. Algunas de las herramientas destacadas son:

1. **Tableau**
   - **Descripción**: Tableau es una plataforma líder en visualización de datos que permite crear dashboards interactivos y análisis visuales de KPI.
   - **Funcionalidades**:
     - Conexión con diversas fuentes de datos para integrar información de múltiples sistemas empresariales.

- Creación de gráficos dinámicos, tableros interactivos y cuadros de mando personalizados.
- Análisis avanzado de datos con capacidades de drill-down y filtrado.

2. **Power BI (Microsoft)**
   - **Descripción**: Power BI es una herramienta de análisis de datos de Microsoft que permite a las organizaciones visualizar y compartir información a través de paneles interactivos.
   - **Funcionalidades**:
     - Integración con otros productos de Microsoft como Excel y Azure para una gestión integrada de datos.
     - Capacidades de inteligencia artificial para análisis predictivo y detección de patrones.
     - Colaboración en tiempo real y publicación de informes en la nube para acceso remoto.

Software de Gestión de Rendimiento Corporativo (CPM)

El software de CPM se enfoca en la gestión integral del rendimiento empresarial, incluyendo la planificación estratégica, la gestión presupuestaria y la supervisión de KPI. Algunas herramientas destacadas son:

1. **Oracle Hyperion**
   - **Descripción**: Oracle Hyperion es una suite de software de gestión de rendimiento corporativo que ayuda a las organizaciones a gestionar y analizar datos financieros y operativos.
   - **Funcionalidades**:
     - Planificación y previsión financiera con integración de datos en tiempo real.
     - Análisis detallado de rendimiento con capacidades de informes y dashboards.
     - Modelos de simulación y escenarios para evaluar el impacto de decisiones estratégicas.
2. **SAP BusinessObjects**
   - **Descripción**: SAP BusinessObjects es una plataforma de BI y CPM que permite a las organizaciones gestionar el rendimiento empresarial a través de la integración de datos y la creación de informes.
   - **Funcionalidades**:
     - Gestión de KPI y métricas de rendimiento clave para medir el progreso hacia los objetivos empresariales.
     - Informes avanzados y análisis predictivo para optimizar operaciones y procesos.
     - Integración con sistemas SAP y otros sistemas empresariales para una gestión de datos integral.

Herramientas Especializadas en KPI

Además de las plataformas de BI y CPM, existen herramientas especializadas en la gestión específica de KPI, que pueden adaptarse a las necesidades particulares de una organización:

1. **Klipfolio**
   - **Descripción**: Klipfolio es una plataforma de creación de paneles que permite a las organizaciones crear y personalizar dashboards de KPI.
   - **Funcionalidades**:
     - Integración con más de 100 fuentes de datos para consolidar información de diferentes sistemas.
     - Creación de paneles interactivos con indicadores clave de rendimiento visualmente atractivos.
     - Programación de alertas y notificaciones para mantenerse informado sobre cambios importantes en los KPI.
2. **Geckoboard**
   - **Descripción**: Geckoboard es una herramienta de visualización de datos que permite a las organizaciones mostrar métricas clave en pantallas grandes y en tiempo real.
   - **Funcionalidades**:
     - Integración sencilla con herramientas de software empresarial y servicios en la nube.

- Visualización de datos en formatos gráficos simples y efectivos para una comprensión rápida.
- Personalización de paneles para reflejar específicamente los KPI más relevantes para el negocio.

Futuro de los KPI en la Era Digital

En la era digital, los Indicadores Clave de Desempeño (KPI) están experimentando una transformación significativa impulsada por avances tecnológicos como la inteligencia artificial, el análisis predictivo y la automatización. En este apartado, exploraremos cómo se espera que evolucionen los KPI en el futuro cercano, adaptándose a las demandas cambiantes del entorno empresarial digital.

Tendencias Emergentes en la Gestión de KPI

1. **Integración de Datos Complejos**
   - **Descripción**: Con el aumento de la cantidad y la variedad de datos disponibles, los KPI del futuro integrarán múltiples fuentes de datos complejos para proporcionar una visión más completa y precisa del rendimiento empresarial.
   - **Acciones**:
     - Utilización de plataformas de integración de datos avanzadas para consolidar información

proveniente de sistemas internos y externos.
- Implementación de modelos de datos unificados que permitan análisis multidimensionales y predicciones más precisas.

2. **Análisis Predictivo y Prescriptivo**
    - **Descripción**: Los KPI del futuro no solo informarán sobre el rendimiento pasado y actual, sino que también utilizarán análisis predictivo y prescriptivo para anticipar tendencias futuras y recomendar acciones proactivas.
    - **Acciones**:
        - Aplicación de algoritmos de machine learning y análisis avanzado para identificar patrones ocultos y pronosticar resultados.
        - Desarrollo de modelos prescriptivos que sugieran estrategias basadas en datos para optimizar resultados de KPI.

3. **Automatización y Decisiones Autónomas**
    - **Descripción**: La automatización avanzada permitirá a los sistemas de KPI tomar decisiones autónomas basadas en datos en tiempo real, reduciendo la dependencia de la intervención humana y mejorando la velocidad de respuesta.
    - **Acciones**:
        - Implementación de sistemas de inteligencia artificial que

monitoreen constantemente los KPI y actúen automáticamente ante desviaciones o oportunidades identificadas.
- Integración de sistemas de gestión empresarial inteligente que ajusten dinámicamente los KPI según las condiciones cambiantes del mercado.

Impacto de la Tecnología Emergente en los KPI

1. **Inteligencia Artificial (IA) y Machine Learning**
   - **Implementación**: La IA y el Machine Learning transformarán la gestión de KPI al mejorar la precisión del análisis y permitir decisiones más rápidas y precisas.
   - **Acciones**:
     - Desarrollo de modelos de IA para la detección temprana de problemas y la optimización continua de procesos basados en datos de KPI.
     - Utilización de asistentes virtuales y chatbots para ofrecer recomendaciones y acciones basadas en el análisis en tiempo real de los KPI.
2. **Internet de las Cosas (IoT)**
   - **Implementación**: La proliferación de dispositivos conectados permitirá la recopilación en tiempo real de datos operativos y de rendimiento para mejorar la precisión de los KPI.

- Acciones:
  - Integración de datos del IoT con sistemas de gestión de KPI para monitoreo y control en tiempo real de activos y operaciones.
  - Utilización de análisis de IoT para identificar oportunidades de mejora y optimización de recursos basados en datos precisos y detallados.
3. **Blockchain y Seguridad de Datos**
   - **Implementación**: La tecnología blockchain garantizará la seguridad y la integridad de los datos de KPI, protegiendo contra manipulaciones y asegurando la transparencia.
   - **Acciones**:
     - Implementación de registros distribuidos para mantener un historial seguro y verificable de los datos de KPI.
     - Utilización de contratos inteligentes para automatizar la ejecución de acuerdos basados en el cumplimiento de los KPI y mejorar la confianza en los datos reportados.

Beneficios y Desafíos del Futuro de los KPI

- **Beneficios**:
  - Mejora de la precisión y la previsibilidad de los resultados empresariales.

- Optimización continua de procesos y recursos basada en análisis avanzados y recomendaciones prescriptivas.
- Adaptabilidad rápida a cambios del mercado y oportunidades emergentes.

- **Desafíos**:
  - Necesidad de inversiones significativas en tecnología y capacitación de personal.
  - Gestión adecuada de la privacidad y la seguridad de los datos en un entorno digitalizado.
  - Integración efectiva de sistemas y plataformas para garantizar la interoperabilidad y la consistencia de los datos de KPI.

Capítulo 12: KPI en Diferentes Contextos Organizacionales

Aplicación de KPI en pequeñas y medianas empresas (PYMEs).

La implementación efectiva de Indicadores Clave de Desempeño (KPI) en pequeñas y medianas empresas (PYMEs) es crucial para mejorar la gestión y alcanzar objetivos estratégicos con recursos limitados. En este apartado, exploraremos cómo las PYMEs pueden beneficiarse de la utilización de KPI y cómo pueden adaptarse estas métricas a sus necesidades específicas y capacidades.

Importancia de los KPI en PYMEs

1. **Enfoque en Objetivos Claros y Medibles**
   o **Descripción**: Los KPI ayudan a las PYMEs a establecer metas específicas y medibles, alineadas con su estrategia empresarial y sus recursos disponibles.
   o **Acciones**:
     - Identificación de áreas críticas de rendimiento que impacten directamente en los objetivos de crecimiento y rentabilidad.
     - Establecimiento de métricas claras y cuantificables para evaluar el progreso hacia estos objetivos a lo largo del tiempo.
2. **Mejora de la Eficiencia Operativa**

- **Descripción**: Los KPI permiten a las PYMEs identificar y optimizar procesos internos para maximizar la eficiencia y reducir costos.
- **Acciones**:
  - Implementación de KPI relacionados con la productividad laboral, el uso de recursos y la eficiencia operativa general.
  - Monitoreo regular de indicadores para identificar áreas de mejora y aplicar acciones correctivas de manera oportuna.

3. **Facilitación de la Toma de Decisiones**
   - **Descripción**: Los KPI proporcionan información objetiva y basada en datos que ayuda a los líderes de PYMEs a tomar decisiones informadas y estratégicas.
   - **Acciones**:
     - Utilización de dashboards y reportes de KPI para visualizar y analizar información crítica de manera accesible y comprensible.
     - Implementación de sistemas de alerta temprana que notifiquen desviaciones significativas de los objetivos establecidos.

Adaptación de KPI para PYMEs

1. **Selección de KPI Relevantes y Asequibles**

- **Descripción**: Las PYMEs deben elegir KPI que sean relevantes para su tamaño, industria y objetivos estratégicos específicos.
- **Acciones**:
  - Priorización de métricas que sean fácilmente medibles y que proporcionen insights valiosos para la toma de decisiones.
  - Adaptación de los KPI a las capacidades técnicas y financieras de la empresa, evitando la complejidad excesiva en la implementación y mantenimiento.

2. **Enfoque en Resultados Tangibles y Sostenibles**
    - **Descripción**: Es fundamental que los KPI en PYMEs estén diseñados para generar resultados tangibles y sostenibles que contribuyan al crecimiento y la estabilidad a largo plazo.
    - **Acciones**:
      - Establecimiento de metas alcanzables y realistas que impulsen el desarrollo gradual y continuo del negocio.
      - Revisión periódica de los KPI para evaluar su efectividad y realizar ajustes según sea necesario para alinearlos con las cambiantes condiciones del mercado.

Beneficios de los KPI en PYMEs

- **Mejora de la Transparencia y la Responsabilidad**: Claridad en los objetivos y rendición de cuentas sobre el desempeño empresarial.
- **Optimización de Recursos**: Uso eficiente de recursos limitados mediante la identificación de áreas de mejora y oportunidades de eficiencia.
- **Crecimiento Sostenible**: Implementación de estrategias basadas en datos para un crecimiento controlado y sostenible en el tiempo.

Desafíos y Consideraciones

- **Limitaciones de Recursos**: Necesidad de maximizar el valor de los KPI con recursos limitados disponibles.
- **Capacitación y Cultura Organizacional**: Importancia de educar y alinear al equipo con el uso y la interpretación de KPI para maximizar su efectividad.
- **Adaptación a Cambios**: Flexibilidad para ajustar y adaptar los KPI en respuesta a cambios internos y externos en el entorno empresarial.

Gestión de KPI en Equipos Remotos y Virtuales

Con el aumento del trabajo remoto y la virtualización de equipos, la gestión de KPI se enfrenta a nuevos desafíos y oportunidades. En este apartado, exploraremos cómo las organizaciones pueden adaptar la gestión de KPI para optimizar el desempeño en equipos dispersos geográficamente.

Desafíos en la Gestión de KPI en Equipos Remotos

1. **Comunicación y Transparencia**
   - **Descripción**: La distancia física puede dificultar la comunicación efectiva y la transparencia en la información relacionada con los KPI.
   - **Acciones**:
     - Implementación de herramientas de colaboración en línea para facilitar la comunicación continua y el intercambio de información entre equipos remotos.
     - Establecimiento de canales claros y accesibles para la presentación y discusión de resultados de KPI de manera regular.
2. **Coordinación y Alcance de Objetivos**
   - **Descripción**: Los equipos remotos pueden tener dificultades para alinearse con los objetivos estratégicos y operativos de la organización.

- **Acciones**:
  - Definición clara de metas y objetivos específicos que sean comprensibles y alcanzables para todos los miembros del equipo.
  - Monitoreo frecuente del progreso hacia los KPI establecidos mediante reuniones virtuales y revisiones periódicas.
3. **Motivación y Compromiso**
   - **Descripción**: La falta de interacción cara a cara puede afectar la motivación y el compromiso de los empleados hacia la consecución de los KPI.
   - **Acciones**:
     - Implementación de incentivos y reconocimientos virtuales para celebrar los logros individuales y de equipo relacionados con los KPI.
     - Fomento de una cultura organizacional que valore la autonomía, la responsabilidad y la colaboración en entornos remotos.

Estrategias Efectivas para la Gestión de KPI en Equipos Virtuales

1. **Selección de Tecnología Apropiada**
   - **Descripción**: Utilización de herramientas de gestión de proyectos y colaboración que faciliten la

supervisión y el seguimiento de los KPI.
- o **Acciones**:
  - Implementación de plataformas integradas que combinen la gestión de tareas con la visualización de KPI en tiempo real.
  - Uso de software de videoconferencia y mensajería instantánea para mantener la comunicación constante y efectiva entre los miembros del equipo.

2. **Establecimiento de Expectativas Claras**
   - o **Descripción**: Definición precisa de roles, responsabilidades y expectativas en relación con los KPI para cada miembro del equipo remoto.
   - o **Acciones**:
     - Creación de acuerdos y protocolos claros sobre la presentación de informes de KPI, frecuencia de actualización y formatos de comunicación.
     - Capacitación continua para garantizar que todos los miembros del equipo comprendan la importancia de los KPI y su contribución al éxito organizacional.

3. **Monitoreo y Retroalimentación Continua**
   - o **Descripción**: Implementación de mecanismos regulares de revisión y retroalimentación para evaluar el

progreso hacia los KPI y realizar ajustes según sea necesario.
- **Acciones**:
  - Programación de sesiones de retroalimentación individual y grupal para discutir el desempeño de los KPI, identificar áreas de mejora y compartir mejores prácticas.
  - Utilización de herramientas de encuestas y evaluaciones para recopilar comentarios sobre la efectividad de los procesos de gestión de KPI en equipos remotos.

Beneficios de la Gestión de KPI en Equipos Remotos

- **Flexibilidad y Adaptabilidad**: Capacidad para ajustar estrategias y recursos en función de las necesidades cambiantes del entorno global.
- **Aumento de la Productividad**: Mejora en la eficiencia operativa y la colaboración entre equipos dispersos geográficamente.
- **Innovación y Diversidad**: Facilitación de la innovación mediante la integración de diversas perspectivas y habilidades provenientes de diferentes ubicaciones geográficas.

Desafíos y Consideraciones

- **Seguridad y Privacidad**: Garantizar la seguridad de los datos y la protección de la información confidencial en entornos virtuales.

- **Cultura Organizacional**: Promover una cultura de confianza, responsabilidad y colaboración entre todos los miembros del equipo remoto.
- **Capacitación y Desarrollo**: Proporcionar oportunidades continuas de capacitación y desarrollo profesional para mejorar las habilidades necesarias para la gestión efectiva de KPI en equipos remotos.

Ejemplos de KPI en Diferentes Sectores y Contextos Culturales

Los Indicadores Clave de Desempeño (KPI) varían significativamente según el sector industrial y las particularidades culturales de las organizaciones. En este apartado, examinaremos ejemplos específicos de KPI en varios sectores, destacando cómo las diferencias culturales pueden influir en la selección y la efectividad de estos indicadores.

Sector Manufacturero

1. **Eficiencia de Producción**
   - **Descripción**: Porcentaje de tiempo de funcionamiento de la maquinaria en relación con el tiempo total planificado.
   - **Contexto Cultural**: En culturas donde se valora la puntualidad y la eficiencia, este KPI puede ser crucial para mantener altos estándares de

producción y cumplir con los plazos de entrega.
2. **Calidad del Producto**
    o **Descripción**: Tasa de defectos o rechazos en la producción en comparación con el total de unidades fabricadas.
    o **Contexto Cultural**: Culturas que priorizan la perfección y la calidad podrían utilizar este KPI para mejorar continuamente los procesos de fabricación y satisfacer las expectativas del cliente.

Sector Servicios Financieros

1. **Rentabilidad de Clientes**
    o **Descripción**: Valor neto de los ingresos obtenidos de un cliente en relación con el costo de adquisición y retención.
    o **Contexto Cultural**: En culturas donde las relaciones a largo plazo son valoradas, este KPI puede ayudar a las instituciones financieras a gestionar de manera efectiva la rentabilidad y la satisfacción del cliente.
2. **Cumplimiento Regulatorio**
    o **Descripción**: Número de violaciones regulatorias o incumplimientos en comparación con el total de controles implementados.
    o **Contexto Cultural**: En entornos donde la conformidad con normativas es crítica, este KPI asegura que las

instituciones financieras operen dentro de los límites legales y éticos.

Sector Tecnológico

1. **Tiempo de Desarrollo de Productos**
   o **Descripción**: Promedio de tiempo requerido para desarrollar y lanzar nuevos productos o actualizaciones de software.
   o **Contexto Cultural**: En culturas que valoran la innovación y la velocidad al mercado, este KPI impulsa la competitividad al reducir los ciclos de desarrollo y mejorar la agilidad empresarial.
2. **Satisfacción del Usuario**
   o **Descripción**: Índice de satisfacción del cliente o usuario basado en encuestas periódicas o evaluaciones de experiencia del usuario.
   o **Contexto Cultural**: En sectores tecnológicos globales, adaptar este KPI a diferentes expectativas culturales puede significar personalizar servicios y productos para satisfacer mejor las necesidades regionales y culturales.

Consideraciones Globales y Culturales

1. **Adaptación Cultural de KPI**
   o **Descripción**: Personalización de los indicadores para reflejar valores culturales locales y expectativas de desempeño.

- o **Acciones**: Ajuste de métricas y objetivos para alinearlos con normas culturales específicas, promoviendo así una mayor aceptación y compromiso del equipo.
2. **Comunicación y Comprensión Intercultural**
   - o **Descripción**: Mejora de la comunicación y la colaboración intercultural para asegurar que los KPI sean entendidos y aplicados de manera efectiva en diferentes contextos.
   - o **Acciones**: Capacitación en sensibilidad cultural y estrategias de comunicación adaptativas para gestionar equipos multiculturales y optimizar el rendimiento de los KPI.

Beneficios y Desafíos

- **Beneficios**: Mejora de la eficiencia operativa, alineación con las expectativas del mercado local y global, y fomento de una cultura organizacional diversa y colaborativa.
- **Desafíos**: Necesidad de equilibrar estándares globales con adaptaciones locales, gestionar la complejidad de datos internacionales y garantizar la coherencia en la interpretación de KPI en diferentes contextos culturales.

Conclusiones

En este libro, hemos explorado exhaustivamente el mundo de los Indicadores Clave de Desempeño (KPI) y su impacto en la productividad empresarial. Desde los fundamentos básicos hasta las aplicaciones prácticas en diversos sectores y contextos culturales, hemos desglosado cómo los KPI pueden transformar una organización al proporcionar mediciones claras y objetivas del desempeño.

Hemos aprendido que los KPI no solo son herramientas de medición, sino también impulsores estratégicos que orientan las decisiones informadas y la mejora continua. A lo largo de cada capítulo, hemos visto cómo diseñar KPI efectivos, alinearlos con los objetivos estratégicos, implementarlos con éxito y monitorizar su progreso.

Desde la implementación de técnicas como Kaizen, Lean y Six Sigma para aumentar la eficiencia, hasta la integración de tecnologías avanzadas para la gestión de datos y análisis, hemos explorado cómo las organizaciones pueden avanzar hacia la excelencia operativa.

Más allá de las metodologías y herramientas discutidas, hemos enfatizado la importancia de una cultura organizacional que promueva la transparencia, el aprendizaje continuo y la colaboración. Esta cultura no solo facilita la adopción de KPI, sino que también impulsa la innovación y el crecimiento sostenible a largo plazo.

A medida que cerramos este libro, queda claro que los KPI son más que simples métricas; son pilares fundamentales que sostienen el éxito organizacional en un mundo empresarial cada vez más competitivo y dinámico. Al integrar estos principios y prácticas en la estructura y operación de cualquier empresa, estamos preparados para navegar los desafíos del futuro con confianza y visión estratégica.

Que este libro sirva como guía práctica y fuente de inspiración para aquellos que buscan no solo medir el desempeño, sino también transformarlo para alcanzar nuevos niveles de excelencia y lograr resultados significativos.

www.ingramcontent.com/pod-product-compliance
Lightning Source LLC
Chambersburg PA
CBHW071924210526
45479CB00002B/549